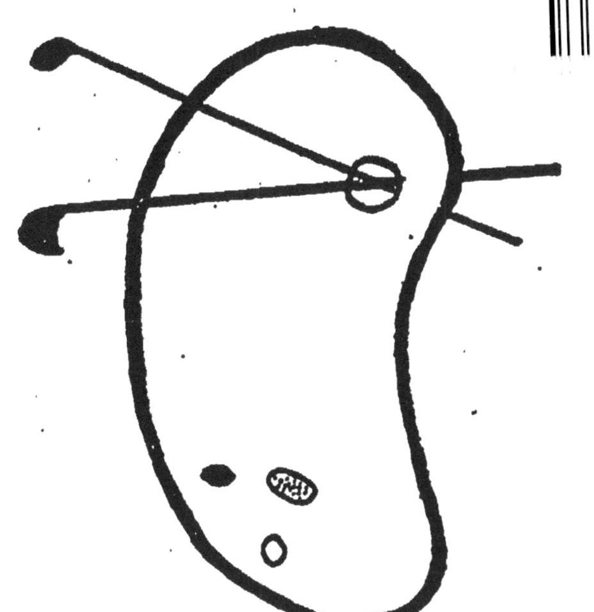

ORIGINAL EN COULEUR
NF Z 43-120-8

Couverture inférieure manquante

BIBLIOTHÈQUE
D'AVENTURES ET DE VOYAGES
A 2 FRANCS LE VOLUME
2.25 CARTONNÉ

LETTRES
DE
H·M·STANLEY
RACONTANT
SES VOYAGES, SES AVENTURES & SES DÉCOUVERTES
A TRAVERS L'AFRIQUE

EXTRAITES
du Daily Telegraph
Traduites par H. BELLENGER

LETTRES

DE

H. M. STANLEY

RACONTANT

SES VOYAGES

SES AVENTURES ET SES DÉCOUVERTES

A TRAVERS L'AFRIQUE ÉQUATORIALE

(NOVEMBRE 1874 — SEPTEMBRE 1877)

Extraits du *Daily Telegraph*

ET TRADUITES PAR H. BELLENGER

PARIS

MAURICE DREYFOUS, ÉDITEUR

10, Rue de la Bourse, 10

1878

AVERTISSEMENT

DE L'ÉDITEUR

Avant de placer sous les yeux du public
l'ouvrage que nous lui présentons aujour-
d'hui, nous avons cru qu'il serait bon d'en
expliquer l'origine, l'économie et la raison
d'être.

De là ces quelques lignes.

Chacun sait que M. H. M. Stanley fut, vers
le milieu de 1874, chargé par le journal anglais le *Daily Telegraph*, de concert avec le
journal américain le *New York Herald*, de
traverser de part en part l'Afrique équato-
riale. M. Stanley devait envoyer à ces deux
journaux, toutes les fois qu'un heureux
hasard le lui permettrait, des Lettres relatant
les événements principaux de son exploration. La première de ces Lettres arriva vers
décembre 1874 et la dernière dans les derniers jours de 1877.

Après avoir suivi durant trois ans la glo-

DEBUT DE PAGINATION

rieuse expédition de M. Stanley, l'Europe apprenait avec une joie profonde, dès les premiers jours de 1878, que l'illustre voyageur venait de débarquer sain et sauf sur son territoire.

Dès l'origine des correspondances de M. Stanley, le *Herald* et le *Daily Telegraph* avaient donné à tous les journaux l'autorisation de les reproduire dès qu'elles arriveraient. Sur tous les points du globe où la langue anglaise est en usage, on profita largement de cette autorisation, si bien que c'est par plusieurs millions d'exemplaires qu'on peut compter la publication de chacune de ces Lettres. Ce nombre n'est rien encore à côté de celui que devaient produire les diverses traductions éditées en toutes les langues chaque fois qu'une nouvelle correspondance de M. Stanley arrivait au monde civilisé.

En France, notamment, toutes ces Lettres furent traduites; mais, la plupart du temps, elles ne le furent point en entier; chaque journal, chaque revue, en donnait ce qui semblait devoir intéresser le plus directement ses lecteurs. On peut dire sans crainte d'exagération que quiconque aurait suivi Stanley à travers tous les recueils français des différents genres, aurait lu la totalité de ses récits. Mais ce n'est là que pure supposition, et, en admettant que le cas se fût réalisé, il serait tellement exceptionnel qu'il n'en faudrait pas tenir compte. En outre, que sont devenus tous ces journaux depuis plus de trois ans? qui les a conservés? le texte original anglais n'est-il pas lui-même introuvable? Ceux-là seuls qui ont essayé de se procurer la collection des numéros du *Daily Telegraph* contenant les correspondances de Stanley peuvent dire quelles difficultés ils ont eu à les trouver, et encore leur en a-t-il fallu recopier la plus grande partie dans les bibliothèques publiques.

Ainsi, de tant de pages fiévreuses écrites sous l'empire des premières émotions, toutes brûlantes de la fièvre qui agitait leur auteur, de tant de pages attendues avec anxiété, avidement lues et relues par le monde entier, que reste-t-il entre les mains du public? Rien. Toutes s'en sont allées au hasard ou vieux papier de journal.

En publiant le petit livre que le lecteur tient en ce moment entre ses mains, nous n'avons pas eu d'autre but que de sauver de l'oubli ces récits faits de premier jet et de première impression et dont l'émotion s'était, durant trois années, communiquée à tous ceux entre les mains desquels ils se sont trouvés. C'est cela qui constitue l'originalité de l'œuvre; c'est ce qui, nous en sommes certain, en fera le charme.

En classant toutes les Lettres de Stanley à leur date de départ (et non à leur date d'arrivée, car souvent elles sont parvenues irrégulièrement), il est arrivé que cela a formé un tout, un récit complet et méthodique, écrit par lui-même, de ses aventures depuis son départ de Zanzibar jusqu'à son arrivée sur la côte de l'Atlantique.

Nous n'avons pas l'intention de faire ici de notre publication un éloge de parti pris, mais bien au contraire celle d'en indiquer et d'en délimiter exactement la valeur et la portée. Les qualités que nous venons de signaler sont, comme toutes les qualités possibles, doublées de défauts, et, bien qu'il soit contraire à tous les précédents d'attirer l'attention du public sur des défauts, nous avons assez de confiance dans le charme et l'entraînement du livre, pour n'en pas cacher les imperfections.

De cette hâte et de cette fièvre avec lesquelles chaque page est écrite, il résulte parfois que les détails géographiques, les notions techniques les plus sérieuses, sont sujettes à caution et à contrôle, et que des détails souvent intéressants ont été omis.

M. Stanley est en ce moment (mars 1878) occupé à écrire un livre matériellement beaucoup plus considérable que celui-ci, d'une portée bien autrement sérieuse, écrit non plus à la hâte, mais fait de sang-froid, au moyen de notes, de souvenirs rassemblés soigneusement, contrôlés et revus; un livre écrit tout d'une pièce : en un mot une œuvre.

La traduction de cette œuvre, enrichie d'illustrations, sera dans un délai prochain publiée par la maison Hachette ; c'est assez dire que le public français la possédera, littérairement, artistiquement et matériellement exécutée avec tout le goût et toute la perfection possibles. La publication de : *Les Voyages de Livingstone*, de *Schweinfurth*, *Le Tour du monde*, *La Géographie* de Reclus, et de tant d'autres œuvres qui sont l'honneur de la librairie française, leur en est un sûr garant.

Tous ceux qui auront été initiés au récit des prodigieuses aventures et des découvertes qui ont à jamais immortalisé le nom de Stanley, tous ceux qui, en lisant le petit livre que voici se seront remis en mémoire les luttes héroïques de son exploration, les auront une seconde fois suivies, et pour ainsi dire *vécues* jour par jour et heure par heure, tous attendront avec autant d'impatience que nous en ressentons nous-même l'œuvre définitive, l'œuvre magistrale qui sera livrée au public.

Ainsi, sans faire de parallèle prétentieux, le petit volume, conservant son rôle modeste, gardant son caractère populaire, familier, aventureux, prime-sautier, d'œuvre fiévreuse, émouvante, sera comme le préambule du grand ouvrage (1) où ne manqueront à coup sûr ni les émotions ni les péripéties, et qui certainement aura de plus cette sérénité, cette valeur scientifique qu'on ne saurait exiger que d'une œuvre créée d'un bloc, faite d'ensemble.

Un dernier mot :

Bien que cela soit plus que suffisamment marqué par des notes et des lignes de points, nous tenons à bien indiquer que M. Bellenger n'a pas fait une traduction *in extenso* des Lettres de Stanley, mais bien une œuvre de sélection, comparable à celle que les journaux ont faite déjà, en laissant de côté tout ce qui pourrait ne point intéresser le public spécial auquel est destinée la *Bibliothèque d'Aventures et de Voyages.*

(1) Les journaux anglais annoncent qu'il contiendra 800 pages grand in-octavo.

INTRODUCTION

Le 16 octobre 1869, vers 10 heures du matin, M. Henry M. Stanley, l'un des correspondants voyageurs (*travelling correspondents*) du grand journal américain le *New York Herald*, et chargé pour l'instant de suivre et de résumer, en cette qualité, les événements alors en train de s'accomplir en Espagne, se trouvait dans son pied-à-terre de la rue de la Croix, à Madrid, occupé à relire et à compulser ses notes. Sa préoccupation principale était celle-ci : De quoi allait-il parler dans la prochaine lettre qu'il adresserait à son journal ? La dernière racontait en détail, et *de visu*, les massacres de Valence. Il était donc nécessaire, indispensable, de trouver pour celle-ci quelque sujet offrant un intérêt dramatique ou de curiosité au moins égal : émeute, incendie, *pronunciamiento*, ou, mieux encore, entrevue et conversation avec le lion du jour, qu'il fût homme d'État, général, chef d'insurgés, ou missionnaire protestant empêché par les autorités régulières, carlistes ou révolutionnaires, de distribuer ses Bibles traduites en espagnol.

Fort perplexe, le correspondant « ambulant » du *New York Herald* se creusait la tête et se grattait le front, quand on frappa discrètement à sa porte. Jacopo, le domestique de la maison garnie, entra tenant à la main un télégramme que le facteur venait, dit-il, de lui remettre à l'instant pour M. Stanley.

Un télégramme! sans doute il contient la première nouvelle de quelque grave incident qui fournira la matière d'une lettre intéressante! D'une main fiévreuse Stanley le décachette et lit ce qui suit :

« Paris, Grand-Hôtel.

« Venez de suite, j'ai à vous parler d'une affaire importante.

J. Gordon Bennett (1). »

Avec un sang-froid tout britannique, Stanley tire de sa poche un indicateur des chemins de fer espagnols, *vade-mecum* qui ne le quitte jamais, et constate que le train express part de Madrid pour Hendaye à 3 heures après midi. Il a donc devant lui cinq heures; c'est plus de

(1) M. Gordon Bennett est le fils du fondateur du *New York Herald* et son directeur-propriétaire actuel.

temps qu'il ne lui en faut pour régler avec son hôte, faire et boucler ses malles, visiter quelques amis, embrasser leurs bébés, — ses petits camarades — et dire à Madrid un adieu peut-être éternel. Pendant qu'il vide les tiroirs des meubles de sa chambre et décroche les objets pendus le long des lambris, Jacopo court chez la blanchisseuse et rapporte le linge à moitié sec. Tout cela entassé dans les portemanteaux, les adresses mises, le voyageur s'en va rue Goya dire au revoir à *Charlie* et à *Willie*, qui aiment tant l'entendre raconter des histoires, et à 2 heures 50 lui et ses bagages sont installés dans l'express de Paris.

Arrivé au Grand-Hôtel fort avant dans la nuit, il frappe à la porte de l'appartement de M. Bennett.

— Entrez! — dit une voix.

Il entre, et trouve M. Bennett au lit.

— Qui êtes-vous? — lui demande ce dernier.

— Mon nom est Stanley.

— Ah! oui; asseyez-vous. J'ai pour vous une affaire importante.

Après avoir jeté sur ses épaules sa robe de chambre, M. Bennett reprend :

— Où croyez-vous que soit Livingstone (1)?

_____

(1) On se souvient qu'à cette époque les bruits les plus contradictoires circulaient à propos du célèbre explorateur, qui depuis très-longtemps n'avait pu faire parvenir en Europe ni lettres ni messages quelconques. Tantôt on le disait massacré

Stanley. — Je n'en sais vraiment rien, Monsieur !

Bennett. — Croyez-vous qu'il soit vivant ?

Stanley. — Peut-être l'est-il, peut-être ne l'est-il pas.

Bennett. — Eh bien ! moi, je crois qu'il est vivant, et qu'on peut le trouver. Je vais vous envoyer à sa recherche.

Stanley. — Quoi ! pensez-vous réellement que je puisse retrouver le docteur Livingstone ? Cela veut-il dire que je dois partir pour l'Afrique centrale ?

Bennett. — Oui ; vous allez partir et tâcher de découvrir où il est en vous renseignant partout où vous pourrez. Recueillez toutes les nouvelles ayant rapport à lui. Et peut-être le vieillard est-il dans le besoin, prenez assez avec vous pour lui venir en aide s'il y a lieu. Bien entendu, vous agirez à votre guise, vous suivrez le plan que vous vous serez tracé et que vous croirez le meilleur, *mais trouvez Livingstone !*

Tel fut le curieux prologue, empreint du plus pur esprit *yankee*, de la première expédition de Stanley dans l'Afrique centrale, expédition qu'il a racontée avec un grand luxe de détails dans

par les indigènes, tantôt il avait succombé à la petite vérole ou aux fièvres, tantôt il était bien portant et poursuivait le cours de ses travaux : en un mot, l'incertitude la plus absolue régnait à son égard. La Société géographique de Londres organisait, pour l'envoyer à sa recherche, une expédition qui devait échouer piteusement.

l'ouvrage intitulé : *How I found Livingstone*
(Comment j'ai trouvé Livingstone) (1).

Quand arriva en Europe cette nouvelle extraordinaire : Un simple *reporter*, attaché au service d'un grand journal de New York, vient de mener à bonne fin la difficile entreprise à laquelle l'expédition organisée à grands frais par la Société géographique de Londres a été contrainte de renoncer. Il vient de pénétrer au cœur de l'Afrique centrale, à la tête d'une caravane qu'il avait organisée, qu'il commandait, et après huit mois de marche incessante, de fatigues journalières, de combats livrés, suivant toujours la trace de l'illustre explorateur que l'on croyait mort, il l'a enfin rejoint le 10 novembre 1871 sur les bords du lac Tanganika, dans la ville arabe d'Oudjidji, et l'a abordé en lui adressant ces simples paroles : « Le docteur Livingstone, je présume ? » A ce moment, disons-nous, beaucoup de gens, d'Anglais surtout, ne la prirent point au sérieux. On n'y vit, on ne voulut y voir, qu'un de ces *humbugs* ou farces dont certaine presse de ce pays-là est coutumière. Stanley et Bennett furent traités sans façon de *blagueurs*.

La même chose est d'ailleurs arrivée chez nous à Caillé, notre compatriote et le premier Européen qui visita Tombouctou, la ville mystérieuse.

(1) Cet ouvrage a été traduit en français. Hachette, éditeur.

Mais quand on apprit que Stanley rapportait avec lui le journal de Livingstone, ainsi que des lettres adressées à ses parents, à ses amis, quand le doute, en un mot, ne fut plus possible, on essaya de travestir le fait. Ce n'était plus Stanley qui avait découvert Livingstone, mais Livingstone qui avait trouvé Stanley, qui l'avait tiré d'affaire, lui et son expédition! Ce fut par de pareilles insinuations, de telles calomnies, que se manifesta la mauvaise humeur des « géographes en chambre! »

Qu'était-ce donc que ce Stanley? quel est son passé, sa nationalité, son lieu de naissance? Questions passablement embarrassantes, non pas que les versions manquent; au contraire, mais il est bien difficile de les concilier, de les mettre d'accord.

La plupart des journaux anglais et américains publièrent des notices biographiques. Les unes faisaient naître Stanley dans le Missouri (l'un des États Unis), les autres à New York, d'autres dans la Louisiane. Les détails que l'on donnait sur sa jeunesse, son éducation, son passé, enfin, étaient contradictoires. On ne s'accordait même pas bien sur la date précise de sa naissance. Il paraissait cependant résulter de tout cela, en gros, qu'il était âgé d'environ vingt-huit ans, qu'il avait été successivement le correspondant de divers journaux américains, et en dernier lieu du *New York Herald.* Nous passerons sous silence les aventures plus ou moins romanesques qu'on lui prêtait, son rôle dans la guerre de sécession, sa traversée de 700 milles, le long d'un affluent du Missouri sur un radeau qu'il avait construit lui-même, etc., etc.

Au moment où ces biographies et les discussions qu'elles soulevaient passionnaient le public anglo-saxon, il parut à Londres chez Camden Hotten un volume intitulé : *Henry M. Stanley, histoire de sa vie,* dans lequel on affirmait que Stanley ne s'appelait point Stanley, mais Rowlands, et n'était pas originaire des États-Unis, mais du pays de Galles.

S'il faut en croire les assertions contenues dans cet ouvrage, Stanley, ou plutôt Rowlands (forme anglaise du gallois Rollant), est né près de Denbigh en 1841. Son père étant mort de bonne heure, sa mère se remaria. Elle tient aujourd'hui un *public-house* (débit de bière et liqueurs). Après avoir reçu dans une école des environs une assez bonne éducation, il entra comme sous-maître dans celle que dirigeait un de ses cousins, instituteur primaire. Mais ce cousin étant devenu jaloux de l'intelligence dont le jeune Rowlands faisait déjà preuve et, ayant voulu le convertir en une sorte de domestique, celui-ci s'enfuit, gagna Liverpool et passa en Amérique. Comme il n'avait pas d'argent, il lui fallut remplir à bord du bâtiment l'office de mousse de cabine. Viennent ensuite de longs détails sur ses aventures à la Nouvelle-Orléans, où il aborda, sur son rôle pendant la guerre de sécession, sur ses pérégrinations comme matelot, officier de marine, correspondant de journaux, en Amérique, en Turquie, en Abyssinie, en Tartarie, en Perse, dans l'Inde, etc.

Quoi qu'il en soit, que Stanley soit né Stanley ou Rollant (1), qu'il soit Missourien ou Gallois, qu'il ait ou non brisé sa carrière d'instituteur en jetant à la tête de son cousin la paire de bottes que celui-ci voulait le contraindre à décrotter et à cirer, la chose, en somme, importe peu. Ce qui est incontestable, en dehors de toute discussion, c'est que ce journaliste, qui s'est révélé explorateur intrépide, a su, en 1871, retrouver Livingstone que tout le monde croyait perdu ; c'est que, de 1874 à 1877, il a accompli ce véritable tour de force : traverser l'Afrique centrale de l'est à l'ouest en suivant un itinéraire nouveau, visitant des pays absolument inconnus des Européens et même, pour certains d'entre eux, des Arabes, qu'il a *le premier* tracé de *visu* le cours

(1) Il a toujours refusé de s'expliquer concernant le passé et les aventures plus ou moins fantastiques que lui attribuent ses biographes, se contentant de dire : « Que voulez-vous que j'y fasse ? Puis-je empêcher les gens d'écrire ce qui leur passe par la tête !... » et ne parle jamais du curieux petit volume dont nous venons de résumer brièvement les sol-disant révélations.

du Lualaba-Congo, l'un des plus grands fleuves du monde, depuis le lac Tanganika jusqu'à l'océan Atlantique : cela au milieu de difficultés dont il faut lire le récit pour pouvoir arriver à s'en faire une idée, au sein d'obstacles se renouvelant sans interruption, surgissant sans cesse sous ses pas.

Chaque jour la fatigue, la faim, la maladie, les flèches empoisonnées ou les balles des sauvages éclaircissent les rangs de la troupe qui l'accompagne, les cannibales pourchassent la caravane comme un gibier, s'envoyant des invitations pour le banquet dont elle sera la pièce de résistance, trois jeunes Anglais qu'il a emmenés avec lui périssent l'un après l'autre, seul Stanley résiste à toutes les épreuves et suffit à la tâche gigantesque, écrasante, qu'il s'est imposée alors que tous les autres explorateurs qui l'ont précédé avaient échoué dans leurs tentatives : mener à bonne fin une pareille entreprise. La route qu'il a parcourue est jonchée de cadavres, qu'importe ? il la suit imperturbablement, avec une ténacité indomptable, et, après des souffrances inouïes, il atteint enfin son but, la côte occidentale d'Afrique, après avoir failli mourir d'inanition, lui et ses gens, au moment d'y arriver. Certes l'homme qui a fait cela, qui a accompli un pareil travail d'Hercule, n'est pas un homme ordinaire, et qu'il soit, répétons-le, Gallois ou Américain, peu importe, car il appartient désormais à l'histoire.

Les lettres qu'on va lire, et qui composent ce volume, ont été écrites par Stanley aux deux journaux, le *New York Herald* et le *Daily Telegraph*, qui avaient organisé à frais communs sa dernière expédition. Il y a consigné au fur et à mesure, presque jour par jour, ses impressions du moment, ses découvertes géographiques, ses aventures, ses combats. C'est surtout là leur mérite. L'homme s'y peint tout entier, ses sensations les plus intimes, ses espoirs, ses enthousiasmes, ses lassitudes, ses heures de découragement: tout s'y retrouve.

Dans le grand ouvrage que Stanley prépare en ce moment à Londres, les faits seront certainement classés avec plus d'ordre et de méthode, les découvertes ou observations géographiques exposées, précisées avec plus de détail, les récits d'aventures n'y seront sans doute ni moins exacts ni moins émouvants; mais peut-être n'y retrouvera-t-on plus cette saveur un peu sauvage, toute spéciale, qui caractérise les Lettres et constitue l'un de leurs attraits principaux: l'impression vive et toute chaude encore du moment, le tremblement fébrile de la main posant le fusil pour prendre la plume, les ardentes effluves de sentiment qui tirent des larmes....

LETTRE I

RECRUTEMENT DE L'EXPÉDITION; RESSOURCES ET ENGINS DONT ELLE DISPOSE.

Zanzibar, côte orientale d'Afrique, 16 novembre 1874.

L'expédition organisée aux frais des propriétaires du *Daily Telegraph* et du *New-York Herald* est sur le point de commencer son long voyage dans le cœur de l'Afrique inexplorée, mais avant de nous embarquer sur la flotte de *dhows* (1) qui est à l'ancre près d'ici nous attendant, je désire employer quelques heures à vous donner des renseignements sur notre organisation, nos projets et nos vues.

Peu après que le *Daily Telegraph* eut annoncé qu'une nouvelle expédition allait partir pour l'Afrique sous mon commandement, je reçus plus d'un millier de lettres à moi écrites par des personnes qui se proposaient pour m'aider et me conseiller dans mon entreprise. Je n'exagère point en affirmant que ces demandes d'emploi

(1) Grand bateau de construction arabe.

dépassèrent de beaucoup le chiffre de douze cents. Là-dessus, sept cents environ émanaient d'Anglais, trois cents d'Américains, la France et l'Allemagne avaient contribué à peu près également à fournir le surplus. Trois de ces volontaires étaient généraux, cinq étaient colonels, une quarantaine, capitaines ou lieutenants dans l'armée, une cinquantaine, officiers de marine; quant au reste, il se composait de *civils* appartenant aux classes sociales les plus variées, depuis l'ingénieur habile dans sa profession et connaissant sur le bout du doigt tout ce qui peut s'apprendre, jusqu'au portefaix de Liverpool et au coureur de pensions bourgeoises de New-York, qui désirait voir l'Afrique, « ayant « visité à peu près toutes les parties du monde ».

Les officiers de l'armée et de la marine étaient évidemment des gentlemen sérieux, peut-être bien plus aptes que je ne l'étais moi-même à occuper le poste de commandant de l'expédition; mais, si toutefois il faut en juger par leurs lettres, je dois croire que la plupart des *civils* qui m'écrivaient pour demander un emploi étaient fous, et que le reste était composé de gens ne sachant pas le premier mot de ce qu'ils se vantaient de pouvoir faire. Ma franchise est peut-être brutale, mais j'affirme que je dis la vérité, et comme je ne cite aucun nom, cela ne peut nuire à personne. Les mensonges effrontés de quelques-uns de ces solliciteurs soulevèrent en moi, bien entendu, du dégoût; mais d'autres étaient seulement absurdes. Un théoricien m'engageait vivement à emporter avec moi un ballon, un autre recommandait un navire volant; un autre proposait que lui et moi nous partissions seuls, déguisés en nègres, et sans armes; un autre désirait que je prisse avec moi un tramway et une petite locomotive dont il serait le mécanicien; un autre me conseillait de m'efforcer d'établir un empire en Afrique, ce qui était, disait-il, chose très-facile, car ayant lu *Kaloulah, Ned Gray,* et *Mon Kaloulou,* « il savait parfaitement à quoi s'en tenir; » enfin il y en avait un, encore plus insensé que les autres, qui me suggérait cette idée ingénieuse : Au lieu d'emporter des fusils, des munitions, et de payer tribut aux chefs *niggers* (1), je devrais les empoisonner haut la main. Les Français et les Allemands étaient surtout des garçons d'hôtel, qui s'offraient pour me servir d'interprètes dans les établissements de ce genre où je « descendrais » en Afrique. Ils étaient riches en certificats, pouvaient parler sept à dix langues, avec cela,

(1) Mot de l'argot des *music-halls* ou cafés-concerts anglais. Il s'applique à des chanteurs et danseurs comiques qui ne paraissent en scène qu'après s'être barbouillé le visage et les mains de noir de fumée, et figuré d'énormes lèvres avec du vermillon. Employer, comme le donneur de bons conseils dont parle ici M. Stanley, cette expression grotesque pour désigner de véritables nègres, est faire preuve d'une ignorance crasse ou du plus absolu mépris pour la *propriété* des mots.

voyageurs de premier ordre; mais le seul mérite qu'ils possédaient à mes yeux était de savoir faire cuire à l'occasion un « biftek » (1). J'ai gardé à l'égard de tous ces solliciteurs le silence le plus absolu, mais je les informe, par l'intermédiaire de votre journal, que j'ai avec moi trois jeunes Anglais dont j'ai toute raison de croire que je serai parfaitement satisfait, et comme adieu je leur souhaite de bon cœur à tous bonne santé, bonne table et le reste.

Jusqu'au moment de mon départ d'Angleterre, je rencontrai là tant d'amis qu'il me serait impossible de les compter. La *White-Star Line* me traita d'une façon princière; elle me donna droit de passage gratuit, aller et retour, pour l'Amérique. La *Peninsular and Oriental Company* et la *British India* me témoignèrent politesse sur politesse par l'intermédiaire de leurs agents. Je reçus des lettres aimables par centaines, et les invitations à dîner, à danser, « à venir passer un mois à la campagne », furent si nombreuses, que si j'eusse pu les utiliser l'une après l'autre, des années se seraient écoulées avant qu'aucun hôtel eût occasion de me présenter sa note. Mais, bien que les préparatifs pour le voyage aient occupé tout mon temps et m'aient forcé de « refuser avec mille remercîments » ces nombreuses preuves de

____

(1) L'orthographe véritable est *beefsteak*, qui signifie littéralement : « tranche de chair de bœuf. »

bienveillance à mon égard, je prie mes nombreux amis de croire que je ne leur en suis pas moins reconnaissant.

Je partis le 15 août, chargé de bons souhaits, de keepsakes, de photographies, de cadeaux de toute sorte. A Aden, je retrouvai mes aides blancs, que j'avais fait partir en avant, *viâ* Southampton, avec les bateaux, etc. Ces jeunes Anglais avaient surmonté tous sentiments mélancoliques, leur humeur était excellente, quoique pourtant ils exprimassent le doute de pouvoir se plaire beaucoup en Afrique s'il y faisait aussi chaud qu'à Aden. Mais quand je leur eus affirmé que, passé l'Arabie, ils n'avaient pas de trop grandes chaleurs à craindre, leur plus grande inquiétude disparut. Sur le steamer *Euphrates*, de la *British India Company*, je fus charmé de découvrir que les frères Pocock, mes compagnons anglais, non-seulement étaient sobres, polis et industrieux, mais possédaient plusieurs autres qualités précieuses. Ils étaient très-bons chanteurs et musiciens, ayant appartenu à un chœur dans leur ville natale. Entre Aden et Zanzibar, où nous arrivâmes le 22 septembre, le temps fut délicieux; cela nous remit des chaleurs brûlantes que nous avions éprouvées sur le steamer *Point*, et quand nous débarquâmes, nous étions à peu de chose près aussi frais, aussi robustes, qu'en quittant l'Angleterre.

Le lendemain matin, quelques-unes de mes

vieilles connaissances de la précédente expédition entendirent parler de mon arrivée, et je fus très-satisfait du bon vouloir qu'ils manifestèrent envers moi, qui avais été si sévère pour eux en certaines occasions, alors que la plus extrême sévérité était nécessaire pour maîtriser la tendance qu'ils montraient parfois à l'entêtement, à la désobéissance et à la révolte. Mais, ils se rappelaient aussi que, bien qu'implacable pour eux quand ils voulaient se mutiner, j'étais assez affable et bienveillant quand tout allait bien, et ils savaient qu'à la distribution des récompenses, ceux qui s'étaient bien comportés, bien conduits, n'avaient point été oubliés.

Le bruit de mon arrivée se répandit bientôt dans toute l'île, et les anciens camarades de Livingstone, ainsi que les miens, s'assemblèrent rapidement autour de la maison de mon hôte, M. Sparhawk, pour me présenter leurs respects, et, bien entendu, pour recevoir *heshimeh* (des présents). Heureusement je m'en étais pourvu avant de quitter l'Angleterre. Parmi ces visiteurs se trouvait Oulimengo, le chasseur et l'incorrigible boute-en-train de l'expédition pour la recherche de Livingstone ; sa large bouche s'étendit de joie jusqu'aux oreilles quand je passai à l'un de ses gros doigts noirs un anneau d'or... Le vaillant et fidèle Chowperch était là aussi, il eut pour sa part une dague d'argent, un bracelet d'or, et se montra très-satisfait de ce cadeau. Son épouse — une esclave que j'avais achetée à des marchands qui en promènent des troupeaux dans l'intérieur de l'Afrique et lui avais donnée pour femme après l'avoir affranchie, — l'accompagnait, et je vis avec plaisir qu'elle était devenue l'heureuse « maman » d'un beau petit garçon, un petit Chowperch, qui, je l'espère, croîtra, grandira pour guider en Afrique les expéditions futures, et sera aussi loyal que son père à l'égard des hommes blancs. Après que j'eus fait des cadeaux à sa femme et à son enfant, Chowperch, qui avait entendu dire que j'avais apporté avec moi une prodigieuse quantité de « médecine », me demanda de mettre son fils, pendant que lui m'accompagnerait en Afrique, à l'abri des atteintes de la petite vérole, et j'espère avoir obtenu ce résultat en le vaccinant.

Deux ou trois jours après, une députation de mes « fidèles » vint me trouver pour me demander mes intentions et mon but. Je les informai que j'étais sur le point d'entreprendre dans l'intérieur de l'Afrique un bien plus long voyage que le précédent, que j'irais dans beaucoup plus de pays différents, et je leur traçai brièvement un croquis de l'itinéraire que je comptais suivre, itinéraire qui les stupéfia. Ils étaient tous assis par terre devant moi, les jambes croisées à la façon des tailleurs, les yeux et les oreilles grands ouverts, saisissant avidement chaque mot de ma harangue, prononcée en mauvais kisaouahili. A mesure que je leur nommais des contrées dont ils n'avaient que vaguement entendu parler auparavant, et de nombreux lacs que j'espérais explorer soigneusement grâce à leur aide, des exclamations variées, exprimant l'étonnement, la joie et un peu de frayeur, jaillissaient de leurs lèvres; mais quand j'eus fini, chacun d'eux respira largement, et presque tous ensemble ils s'écrièrent dans leur langage : « Ah! camarades, voilà un voyage digne d'être appelé un voyage! »

— Mais, maître, — reprirent-ils avec quelque anxiété, — ce long voyage prendra des années, six, neuf ou dix ans?

— Absurde, — répondis-je. — Six, neuf ou dix ans! A quoi donc pensez-vous? Les Arabes, il est vrai, mettent près de trois ans pour aller à Oudjidji, mais moi, je n'ai mis que seize mois pour aller de Zanzibar à Oudjidji et revenir au bord de la mer. N'est-ce pas vrai?

— Oui, c'est vrai, — répondirent-ils.

— Très-bien. Et je vous dis, de plus, qu'il n'y a pas assez d'argent dans le monde entier pour me décider à rester en Afrique dix, neuf ou même six ans. Je ne suis pas venu ici pour vivre en Afrique, je suis venu ici pour voir les rivières et les lacs dont je viens de vous parler, et après les avoir vus, m'en retourner chez moi.

— Oui, mais vous savez que le Gros Maître

(Livingstone) disait qu'il partait seulement pour deux ans, et vous savez aussi qu'il est resté, en totalité, neuf ans.

— Cela est vrai. Néanmoins, vous savez ce que j'ai fait déjà, et ce que je pourrai faire encore si tout va bien.

— Oui, nous nous rappelons que vous êtes très-ardent et que vous nous conduisez tambour battant, jusqu'à ce que nos pieds soient écorchés et que nous soyons prêts à tomber de fatigue. Wallahi ! on n'a jamais fait un voyage comme celui que nous avons fait d'Ounyanyembé ici ! Aucun Arabe, aucun homme blanc n'est revenu d'Ounyanyembé en un temps aussi court que vous ! On ne faisait que jeter sur la route, pour s'en débarrasser et aller plus vite, cette chose-ci et celle-là, et marchez ! marchez ! marchez ! tout le temps. Oui, maître, c'est vrai.

— Eh bien ! est-il probable alors, puisque j'ai marché si rapidement autrefois, que je sois lent maintenant ? Suis-je beaucoup plus vieux aujourd'hui qu'à cette époque-là ? suis-je moins vigoureux ? Ne sais-je pas à présent ce que c'est qu'un voyage ? Quand je suis parti la première fois de Zanzibar pour Oudjidji, j'ai laissé le guide me montrer le chemin ; mais quand nous sommes revenus, qui vous a montré la route ? N'est-ce pas moi, au moyen de ce petit compas qui ne pouvait pas mentir comme le guide ?

— Oui, c'est vrai, maître ; chaque mot est vrai.

— Très-bien, alors finissons-en avec vos paroles niaises ; allez et trouvez-moi trois cents braves gens pareils à vous, et quand nous partirons de Bagamoyo, je vous montrerai si j'ai oublié comment on voyage.

— Oui, Wallah, mon maître !

Et ils se levèrent, partirent et firent ce que je leur avais commandé.

Le résultat de leurs négociations fut qu'au bout de peu de temps l'agence Bertram et l'ancien consulat furent encombrés de volontaires de toutes les nuances du noir, et appartenant à peu près à toutes les tribus africaines connues. J'avais à peine le temps de faire autre chose que de m'évertuer, en conservant mon calme et ma patience, à obtenir d'eux des renseignements : qui ils étaient, ce qu'ils avaient fait, qui ils avaient servi ? Les braves gaillards qui m'avaient suivi jadis, ou qui avaient accompagné Livingstone dans son dernier voyage, eurent, bien entendu, la préférence, parce que, me connaissant, il suffisait de quelques paroles pour conclure l'affaire avec eux. Quarante-sept compagnons de Livingstone répondirent à l'appel de leur nom, ainsi que deux cents inconnus sur la fidélité desquels j'allais risquer ma réputation de voyageur et près de 1,000 livres sterlings (25,000 fr.) en avances de gages. Ils furent enrôlés et prêtèrent serment comme escorte et serviteurs.

Beaucoup d'entre eux, sans nul doute, se trou-

veront être des renégats et des mécontents, des
fanfarons, des lâches et des fuyards, mais à cela
il n'est pas de remède, j'ai fait tout ce que je
pouvais faire pour prévenir les désertions et la
traîtrise. Il serait absurde d'espérer qu'une
telle quantité de gens à demi sauvages ne sera
composée que d'hommes fidèles et loyaux, di-
gnes de la confiance que l'on place en eux, ou
qu'une grande expédition puisse être conduite
à des milliers de milles de distance sans pertes
sérieuses...

Après que les hommes, l'escorte armée et
les porteurs eurent été engagés, je me consacrai
à l'examen des marchandises d'échange nécessaires pour nous procurer des vivres dans l'intérieur lointain de l'Afrique. Contrairement à
mon attente, car on m'avait affirmé que le prix
en avait haussé depuis mon départ de Zanzibar,
je constatai que lesdites marchandises d'é-
change étaient de un, et quelquefois même de
deux pour cent meilleur marché que leur ancien
taux. Je pus acheter les balles de *shirting* américain (étoffe à chemises), qui m'avaient coûté,
en 1871, 95 dollars 75 cents, pour 87 dollars
50 cents. Les verroteries *sami-sami*, qui va-
laient jadis 13 dollars le frasilah, ne se ven-
daient plus que 9 dollars 75 cents. Ceci m'était
très-favorable; et après de longues consultations
avec les chefs des caravanes récemment reve-
nues de l'intérieur sur la mode actuelle en

étoffes et verroteries parmi les tribus éloignées, je commandai le stock nécessaire de ces deux articles, lequel, une fois empilé en balles et sacs pouvant être portés par un homme, formait une imposante et, en vérité, une formidable masse.

Si, néanmoins, les étoffes, les verroteries et le fil métallique sont moins chers aujourd'hui qu'il y a deux ans, le salaire des *pagazis* ou porteurs a doublé. En 1871 et 1872 j'employai des Ouanyamoézi et des Ouanguana au taux de 2 dollars 50 cents par mois chacun; les mêmes hommes obtiennent maintenant 5 dollars par mois, et j'ai eu beaucoup de peine à m'en procurer certains à ce taux, car ils demandaient bravement 7 et 8 dollars par mois, se faisant tirer l'oreille pendant une semaine avant de réduire leurs prétentions. Je crains que les explorateurs anglais de l'expédition Cameron n'aient eu trop d'argent à leur disposition ou n'aient fait preuve d'une trop grande libéralité ; cela a fait monter la paye des hommes au double de ce qu'elle était auparavant. J'ai entendu dire que plusieurs des naturels étaient engagés avec Cameron sur le pied de 7 à 8 dollars par mois; si la chose est vraie, elle montre clairement que l'argent a été prodigué. Si chaque voyageur blanc qui se propose d'explorer l'Afrique imite ce procédé peu judicieux, il sera bientôt impossible pour tout gentleman ne disposant que de moyens limités d'entreprendre cette tâche; seul un riche et généreux gouvernement pourra le faire.

Un moment de réflexion sur la dépense à laquelle ces prodigalités l'entraînent démontrera à l'explorateur qu'il n'est pas sage de prodiguer les dons à des inconnus ayant d'entreprendre son voyage. Le moment d'être libéral est celui du retour, quand on peut distinguer les bons serviteurs des mauvais, les gens loyaux des déserteurs. La récompense doit alors être à peu près égale aux gages, et si le voyageur a encore besoin de ces gens-là à l'avenir, sa judicieuse distribution de *bonis* lui permettra de retrouver les mêmes hommes, qui se souviendront de sa générosité.

La coutume actuelle est de donner aux serviteurs, porteurs, et soldats de l'escorte, quatre mois de paye en avance. Avant de partir de Bagamoyo j'espère que mon expédition comptera quatre cents hommes. Chacun d'eux aura reçu quatre livres sterling (100 fr.) soit en argent, soit en étoffe. Les plus prudents demandent que leur avance leur soit payée en étoffe. Ceux qui prennent l'argent réclament trois jours pour le dépenser en débauches, ou acheter des femmes; tandis que quelques-uns des hommes mariés qui ont des enfants l'emploient à acheter des provisions pour leur famille.

Le matin du quatrième jour, quand le cor sonnera la marche, je ne devrai pas être surpris de trouver difficile la tâche de rassembler mes gens, il faudra employer des heures à faire la chasse aux traînards et les emmener à notre premier camp; de plus, j'apprendrai probablement qu'une quinzaine au moins a complétement disparu. Cela, bien entendu, sera ennuyeux, mais il faut s'y attendre; et à tout prendre, il vaut mieux que je sache la chose probable, et que je sois en quelque sorte préparé à ces désertions. Lesdites désertions continueront pendant les premières journées de marche. Enfin, des maladies se déclareront : résultat de trois jours de débauche effrénée, puis nous aurons des cas de petite vérole, d'ulcères, de dyssenterie, de fièvre, etc. Vers ce temps-là aussi, les hommes blancs commenceront à éprouver d'étranges langueurs, leur pouls deviendra fiévreux, et quoique la force de nos porteurs ait rapidement diminué, on devra les faire transporter dans des hamacs ou sur le dos des ânes qui seront encore assez vigoureux pour s'acquitter de cette tâche.

L'avenir de l'expédition dépendra de la façon dont nous pourrons traverser cette orageuse période, car la situation à ce moment-là sera vraiment triste. La magnifique caravane partira du bord de la mer forte de quatre cents hommes, armée jusqu'aux dents, bien approvisionnée et riche, chaque homme sera bien portant, bien choisi, vigoureux, sa peau luira comme du satin

brun, ses yeux étincelleront de joie et d'orgueil,
car il aura confiance en son fusil Snider et ses
vingt cartouches, sa hache et ses poignards;
douze guides de haute taille en grande tenue,
vêtus de *jobo* cramoisi et parés de longues plumes, marcheront en tête de la procession (qui
aura près d'un mille de long), pendant que les
trompettes retentiront à travers les forêts et en
éveilleront les échos, animant chacun d'une vive
espérance dans le succès; ce sera certainement
un spectacle digne d'être vu. Mais trois semaines après combien différent sera l'aspect de
la caravane ! Elle aura diminué en nombre, des
douzaines d'hommes auront déserté, les forts
seront devenus faibles, les robustes seront malades, le chef sera près de désespérer et de souhaiter de ne s'être point aventuré une seconde
fois dans l'océan de tracas, de désastres, qui en-
vironne et obsède le voyageur en Afrique !
Telles sont mes prévisions, qui ne sont pas des
plus brillantes, vous en conviendrez. Néanmoins, quand le soldat s'est coiffé de son cas-
que, il est trop tard pour déplorer les sentiments
qui l'ont poussé à s'enrôler...

Un explorateur en Afrique doit avoir avec
lui un bateau sur lequel il puisse circumnaviguer les lacs, descendre et remonter les rivières à de longues distances avec une petite troupe
d'hommes choisis, pendant que le corps principal est campé dans quelque endroit convena-

ble et sain. Et quelle sorte de bateau peut-on inventer pour que le voyageur puisse le transporter avec lui pendant des milliers de milles à travers les buissons et la jungle, par la chaleur, l'humidité et la pluie, sans qu'il devienne impropre à l'usage auquel on le destine, et sans qu'on en arrive à le regarder comme un embarras? Après avoir examiné plusieurs plans et dessins, je décidai que rien ne serait meilleur qu'une embarcation légère en bois de cèdre, quelque chose de semblable aux bateaux Okanagan du Canada, mais plus grand, plus spacieux. Ces bateaux canadiens ont généralement trente pieds de long sur cinq à six pieds de large. Ils sont extrêmement légers et portatifs; quand il s'agit de passer des rapides, on les tire de l'eau et six hommes les transportent aisément sur leurs épaules jusqu'à un endroit où la rivière soit redevenue calme. Mais une embarcation de cette espèce, bien qu'avantageuse pour traverser de courtes distances au Canada, avait besoin d'être construite autrement afin de pouvoir être portée le long des sentiers étroits et tortueux de la jungle africaine; elle devait se composer de sections étanches indépendantes l'une de l'autre, assez légères pour que deux hommes pussent les transporter sans trop de fatigue.

M. James Messenger, de Teddington près Londres, a une réputation bien établie comme constructeur de superbes bateaux de rivière ; étant allé passer un dimanche sur les bords de la Tamise, près de Hampton, j'examinai des spécimens variés de son habileté dans ce travail, et j'en conclus que c'était l'homme qu'il me fallait aller trouver. Je rendis donc visite à ce gentleman et lui expliquai ce dont j'avais besoin, lui montrant des croquis. A la façon intelligente dont il suivit mes explications, je m'aperçus que j'étais en présence d'un maître ouvrier, bien qu'il fût évident qu'il n'avait pas la moindre idée de ce qu'est un sentier dans la jungle africaine. Il comprenait ce que j'entendais par le mot « portatif », mais ses idées à ce propos lui suggéraient naturellement, comme localités à traverser, une grande route semblable à celles d'Angleterre, ou tout au plus un sentier dans des champs dépourvus d'arbres ou des pâturages communaux. Je doute fort que même maintenant ce gentleman se rende un compte exact des horreurs d'un sentier dans la jungle, avec son labyrinthe de courbes enchevêtrées l'une dans l'autre et sans fin, bordé de chaque côté par une épaisseur de végétation d'une vigueur extraordinaire dans laquelle il nous faut nous débattre, nous contorsionner afin d'y pouvoir passer avec nos fardeaux, cela pendant que, aveuglés par la sueur qui ruisselle de nos fronts, nous avançons en tâtonnant et trébuchant au sein du crépuscule indistinct et maladif qui règne là. Transporter un objet quelconque un peu large, haut ou long, dans ce fouillis emmêlé comme une crinière mal peignée, il n'y faut pas penser; c'est ce que je m'efforçai de faire comprendre à mon interlocuteur en lui décrivant de mon mieux le milieu dans lequel il nous faudrait évoluer.

M. Messenger accepta le marché de construire un bateau de bois de cèdre léger et bien conditionné, de quarante pieds de long sur six pieds de large, divisé en cinq sections ne pesant pas chacune plus de cent vingt livres. J'allai voir le bateau quand il fut achevé et avant qu'on le sciât en sections, j'en admirai la forme élégante, ainsi que le fini du travail qu'on avait prodigué pour l'établir. En partant, je conseillai à M. Messenger de le peser avant de le fractionner, afin que les sections n'excédassent point le poids indiqué plus haut. Ce bateau, complété et emballé avec soin, me suivit à Zanzibar, où le paquebot me l'apporta peu après mon arrivée. Quand j'ouvris les caisses, j'aperçus une véritable merveille d'architecture nautique; chaque cheville, chaque écrou, chaque tenon, étaient à leur place et fonctionnaient à merveille; toutes les personnes qui virent le bateau ainsi démonté l'admirèrent. Dans le transport de ma joie j'ordonnai qu'on dressât les balances et qu'on pesât soigneusement chaque section. Quatre d'entre elles pesaient chacune deux cent quatre-vingts livres, et la cinquième trois cent dix livres!

L'impossibilité absolue de réparer cette erreur dans une ville comme Zanzibar me fit d'abord désespérer, et je pensai que la meilleure chose à faire était de réexpédier le bateau en Angleterre; mais, ayant pris des renseignements, un jeune charpentier en navires nommé Ferris me fut amené, et on me vanta son intelligence. Je lui montrai le magnifique bateau et lui dis que, malheureusement, il ne pouvait m'être utile parce qu'il était trop lourd et trop encombrant, que je ne pourrais pas l'emporter avec moi dans cet état, et que j'étais de plus fort pressé. Je désirais qu'il coupât chaque section en deux, qu'il les raccourcît de six pouces et qu'il terminât ce travail en quinze jours; c'était le plus long délai que je pusse lui donner.

Pour effectuer ces changements, il fallut supprimer deux sections, ce qui réduisit considérablement la longueur du bateau, et, bien entendu, gâta quelque peu son aspect. Je puis me flatter maintenant (le bon M. Ferris ayant achevé son travail à mon entière satisfaction), de posséder un bateau que je puis faire transporter à n'importe quelle distance sans trop fatiguer les porteurs, pouvant contenir douze hommes, mû par dix rames et deux courtes pagaies, et capable de naviguer sur tous les lacs de l'Afrique centrale. Je ne blâme pas M. Messenger de m'avoir envoyé des sections aussi peu transportables;

j'aurais dû rester en Angleterre un mois de plus pour surveiller la construction d'un bateau de cette sorte, qui devait être évidemment une absolue nouveauté pour un constructeur des bords de la Tamise.

Comme cette expédition est organisée dans un autre but que celle à l'aide de laquelle je retrouvai Livingstone, je me suis pourvu de tous les instruments que prennent avec eux les voyageurs désirant rapporter des renseignements et résultats précis qui puissent contenter les sociétés savantes. J'ai des chronomètres, des sextants, des horizons artificiels, des compas à verge et prismatiques, des pédomètres, des baromètres anéroïdes et des thermomètres, des almanachs nautiques pour trois ans, des plombs de sonde et mille brasses de corde à sonder, des instruments de mathématiques, un planisphère, un excellent appareil de photographie très-complet, avec quantité de plaques. J'ai aussi une demi-douzaine de bonnes montres or et argent, des cartes en blanc, et tous les objets nécessaires pour pouvoir obtenir des observations géographiques satisfaisantes.

La côte orientale d'Afrique offre, de l'embouchure de la rivière Jouba à celle de la rivière Rovouma, des centaines de bons points de départ pour pénétrer dans les régions inexplorées de l'intérieur, mais le meilleur, pour bien des raisons, est Bagamoyo. La présente expédition promet d'être la plus nombreuse, la mieux organisée et équipée, qui soit jamais partie de la côte ; il serait donc pitoyable qu'elle échouât avant même d'avoir commencé à remplir sa mission. Pour éloigner une telle possibilité, j'ai pris la résolution, après y avoir mûrement réfléchi, de partir de Bagamoyo et de suivre pendant quelque temps le sentier bien connu fréquenté par toutes les caravanes, dans le but de donner confiance à mes hommes et d'éloigner d'eux, autant que possible, la tentation de déserter. Je pénétrerai ensuite au nord dans la contrée de Masai, terre que le pied d'aucun homme blanc n'a encore foulée, et sur laquelle les mieux informés d'entre nous ne savent absolument rien. Ce sera une entreprise pleine de risques, mais moitié moins dangereuse que de partir directement pour cette région de quelque port de mer inconnu.

Mon intention, quant à présent, est de me frayer alors un chemin dans la direction de l'ouest jusqu'au Victoria Nyanza, et de m'assurer si ledit Victoria consiste en cinq lacs séparés ou si c'est un seul lac, en un mot : laquelle des hypothèses, celle de Speke ou celle de Livingstone, est correcte. Toutes les localités importantes seront relevées et fixées par des observations astronomiques, et nous nous rendrons compte, en le circumnaviguant complétement, de la configuration exacte du Victoria Nyanza.

Quand ce travail sera achevé, j'ai l'intention de visiter Mtesa ou Roumanika, puis de me diriger vers l'Albert Nyanza et de tâcher de vérifier jusqu'à quel point Baker a raison dans son hypothèse hardie concernant la longueur et la largeur de ce lac.

J'espère rencontrer là Gordon et sa troupe, par l'entremise desquels je compte vous adresser le récit de mes voyages et de mes découvertes depuis le moment où j'aurai quitté la route d'Ounyanyembé, fréquentée par les caravanes. Passé cette époque, l'avenir m'apparaît si vague, si confus, qu'il m'est impossible de dire d'avance ce que j'essaierai de faire...

LETTRE II

L'EXPÉDITION PART DE LA COTE; SES PREMIÈRES ÉTAPES.

District de Mpuapua, contrée d'Ousagarou, 13 décembre 1874.

Quelque rébarbatif et bizarre que le nom du district et du groupe de villages d'où je date cette lettre puisse paraître à ceux qui le voient écrit, il n'est point du tout discordant à l'oreille. Et même la douce voix d'une jeune demoiselle Msagara peut lui prêter un son fort agréable...

L'expédition quitta Bagamoyo le 17 novembre et arriva ici hier, le 12 décembre, ayant fait la route dans la période extraordinairement courte de vingt-cinq jours! Ce fait, constaté purement et simplement, pourrait ne pas surprendre les lecteurs qui ignorent le temps que demande ordinairement ce trajet. Mais si je leur fais remarquer que, lors de mon départ à la recherche de Livingstone, ce même trajet me prit cinquante-sept jours,. et que la troupe du lieutenant Cameron mit quatre mois entiers à le faire, les gens les plus superficiels pourront s'apercevoir que j'ai toute raison d'être satisfait et joyeux. Et il faut se rappeler que ma caravane est très-nombreuse, qu'elle transporte avec elle des choses fort encombrantes, et que depuis notre départ de la côte nous avons suivi une route absolument nouvelle, bien plus au nord qu'aucune de celles qui ont été adoptées précédemment.

Quoique je puisse jeter avec plaisir un coup d'œil rétrospectif sur la distance parcourue si rapidement et en bien augurer pour l'avenir, je me souviens que le jour où nous quittâmes Zanzibar, le désordre effréné qui régnait dans notre troupe ne promettait rien de bon. Presque tous les membres de l'expédition étaient ou ivres, ou gris, ou au moins fort « gais », beaucoup ne parurent pas à l'appel, et quelques-uns avaient déjà déserté en emportant leurs avances. Je me consolai en me disant, pendant que j'observais la mauvaise tenue et l'insolence des plus ivres : « Très-bien, messieurs les nègres ; au-« jourd'hui, c'est votre jour ; demain le règne « de la discipline et de l'ordre commencera. »

Une fois débarqués à Bagamoyo, la situation ne s'améliora pas. Les hommes n'avaient point encore dépensé toutes leurs avances, il en résulta qu'ils se précipitèrent dans les ignobles cabarets tenus par les gens de Goa établis sur le port, et après avoir absorbé en abondance l'eau de feu qu'on détaille là, ils se répandirent dans les rues, criant qu'ils étaient les soldats d'hommes blancs, maltraitant les femmes, forçant les portes des boutiques et brisant la poterie, tirant même leurs poignards contre de paisibles citoyens.

Cela dura cinq jours, pendant lesquels je n'eus pas un instant de repos. Surveiller trois cents hommes éparpillés dans une ville aussi vaste était une lourde tâche. Enfin, le bugle sonna la marche, et quoiqu'il ne fût pas toujours aisé de réunir les traînards, à 9 heures du matin toute ma troupe avait quitté le port.

A Shamba Gonera, où j'avais campé lors de ma première expédition, les hommes voulurent s'arrêter afin d'aller « passer encore une bonne « nuit à Bagamoyo » ; mais cette fois, comme vous pouvez l'imaginer, j'avais assez de ces scènes, et je fis empoigner et entraîner à bras-le-corps les mutins par l'escorte armée. En arrivant à la rivière Kingani, les sections du bateau la *Lady Alice* furent réunies, vissées ensemble, et on le mit pour la première fois à l'épreuve. Je constatai que le maximum qu'il pouvait transporter d'un bord à l'autre, comme bateau passeur sur une eau calme, était trente hommes et trente balles de marchandises, soit un poids de trois tonnes ; résultat des plus satisfaisants.

La chaleur intense des plaines de Kangana agit cruellement sur les hommes non habitués à voyager en Afrique, et sur les naturels qui s'étaient livrés à leurs goûts de débauche à Zanzibar et à Bagamoyo. Cela nous força de rester un jour à Kikoka. J'avais pris la précaution de, laisser une forte garde le long de la rivière pour empêcher les hommes de retourner à Bagamoyo, et une autre sur les collines entre Bagamoyo et la plaine de Kingani, dans le même but.

Dans le courant de l'après-midi, pendant que j'étais en train de préparer mes lettres, je fus assez surpris de recevoir dans le camp la visite d'une troupe de soldats du sultan, dont le chef m'apportait une lettre du gouverneur de Bagamoyo, dans laquelle ce personnage se plaignait que mes gens avaient excité environ quinze femmes esclaves à abandonner leurs maîtres. En passant en revue nos hommes et faisant une enquête sur leurs affaires domestiques, je découvris qu'un grand nombre de femmes avaient en effet rejoint l'expédition pendant la nuit. Beaucoup d'entre elles, cependant, possédaient des lettres de franchise à elles délivrées par l'agent politique de Zanzibar, mais onze avouèrent être des esclaves fugitives. Après avoir été hospitalièrement reçu par le sultan de Zanzibar et les Arabes, ce n'était pas le devoir d'un étranger, à moins d'y être autorisé par quelque gouvernement prêt à appuyer les actes de son agent, d'inaugurer un mode aussi nouveau de libérer les esclaves. Je donnai donc l'ordre que ces femmes fussent livrées aux soldats du sultan; mais ceci ne plaisant ni aux femmes ni à leurs séducteurs, les femmes se révoltèrent contre l'ordre, et les hommes saisirent leurs fusils Snider, jurant qu'elles ne partiraient pas. Comme une telle disposition et démonstration d'hostilité n'était ni politique ni de nature à me plaire, ni surtout à gagner pour moi le bon vouloir des Arabes, la manifestation fut réprimée sommairement et les femmes rendues à leurs maîtres.

La première victime dans notre expédition aura été le noble mâtin Castor, qui m'avait été offert par la baronne Burdett Coutts et qui mourut d'une apoplexie causée par la chaleur entre Kingani et Kikoka. La seconde fut le mâtin Capitaine, un très-bel animal, quoique très-féroce, qui mourut quelques jours après. J'ai encore trois chiens, le *retriever* Nero, l'intrépide boule-dogue Bull et le *bull-terrier* Jack, qui ont très-bien supporté les fatigues de la marche, quoique le dernier soit fort intrigué par le grand nombre de sauterelles qu'il rencontre en route.

LETTRE III

LA MARCHE A TRAVERS LE GRAND PLATEAU.

Village de Kageyi, district d'Ouchambi, Ousoukouma, sur le Victoria Niyanza, 1er mars 1815.

Nous venons d'accomplir avec succès, le 27 février dernier, à midi, la seconde partie du programme qui me fut tracé lorsqu'on me chargea d'organiser et de commander l'expédition anglo-américaine. Ce jour-là, en effet, ayant aperçu pour la première fois le grand lac découvert par Speke, — le Victoria Niyanza, — nous ne prîmes aucun repos avant de l'avoir atteint ; et c'est en remerciant le Tout-Puissant de nous avoir préservés de nombreux dangers que je vous écris ces lignes.

Il semble qu'un siècle se soit écoulé depuis que nous sommes partis de Mpuapua. Nous avons vu et éprouvé tant de choses, nous avons tant souffert, qu'il me faut rappeler mes souvenirs et consulter souvent mon carnet pour me remémorer même les principaux incidents de cette marche longue, ardue, fertile en surprises, vers le lac Victoria. Dans ma dernière lettre, je vous promettais de m'écarter aussitôt que possible de la route d'Ounyenyambé, aujourd'hui si bien connue, et d'essayer, comme le patriarche Livingstone, d'en suivre une nouvelle traversant des pays nouveaux. C'est ce que j'ai fait. En imprimant à notre voyage aventureux la direction du nord, j'ai mis en péril l'expédition, j'ai failli la conduire à une fin prématurée, mais, grâce à la Providence, cette catastrophe a pu être évitée, heureusement pour moi, pour vous et pour la science géographique.

En quittant Mpuapua, nous nous dirigeâmes vers le nord à travers les solitudes de la Mgounda Mkali, ou région des forêts, et l'Ougogo septentrional, où nous eûmes à subir les mêmes ennuis qui attendent le voyageur dans l'Ougogo méridional. Les chefs mettaient en pratique leurs talents ordinaires, dérobant nos marchandises et nous rançonnant chaque fois que l'occasion s'en présentait. Çà et là nous rencontrions des tribus plus amicalement disposées envers les étrangers ; mais un peu plus loin, sur les terres d'autres chefs, il nous fallait payer de lourds tributs. Nous traversions de vastes plaines arides où la nourriture était rare et chère, où les étoffes servant à l'acheter disparaissaient rapidement, pour entrer dans des pays de collines où les vivres étaient abondants, les naturels polis, leurs chefs bienveillants.

Plus loin, nous arrivions dans des districts troublés par la guerre ou des rumeurs de guerre, peuplés de gens hostiles et perfides. De furieux orages nous accompagnèrent constamment ; certains jours, la nature et l'homme luttaient à la fois contre nous, tandis que dans d'autres tous deux semblaient d'accord pour nous bien accueillir.

Grâce aux conditions généralement mauvaises où nous nous trouvions, mes ordres n'étaient plus obéis ; les hommes mouraient de fatigue et de faim, beaucoup restaient en arrière malades, un grand nombre désertèrent. Promesses de récompense, bienveillance, menaces, punitions, rien n'y faisait. L'expédition semblait condamnée. Bien que choisis dans la classe ordinaire du peuple anglais, les trois Européens qui en faisaient partie firent leur devoir bravement, je puis même dire héroïquement. Souffrant de fièvres et de la dyssenterie, insultés par les naturels, marchant par la chaleur torride et sous les averses équatoriales, ils se montrèrent tout le temps braves et courageux. Sans se plaindre, ils supportaient la misère de leur sort, l'insuffisance ou la grossièreté de la nourriture; et la façon dont ils enduraient, résignés, les épreuves les plus dures, s'acquittant gaiement de la tâche qui leur incombait, les plaça très-haut dans mon estime.

Nous atteignîmes la frontière occidentale d'Ou-

gogo le dernier jour de l'année 1874. Après quarante-huit heures de repos, nous repartîmes dans
la direction du nord, traversant une plaine à
peu près horizontale qui, d'après ce qu'on nous
dit, s'étend jusqu'au Niyanza. A Mouhalala, en
Ikimbou, les guides que nous avions pris en
Ougogo désertèrent. Nous en engageâmes d'autres, mais le lendemain ils nous abandonnèrent
aussi pendant la nuit, et le matin nous nous
trouvâmes sur la lisière d'un désert immense,
sans personne pour nous y guider. Comme
on nous avait dit la veille que trois jours de
marche nous conduiraient en Ourimi, me ba-
sant là-dessus j'avais fait acheter deux jours de
vivres ; si bien que cette seconde désertion ne
nous déconcerta pas beaucoup et n'excita chez
nous aucun soupçon. Nous continuâmes notre
route, mais le matin du second jour, le sentier
étroit et à peine tracé que nous avions suivi
jusque-là disparut tout à coup dans un labyrinthe de passes d'éléphants et de rhinocéros. Des
hommes sûrs envoyés de toutes parts pour retrouver la route évanouie revinrent bredouille,
et nous n'eûmes plus que la boussole pour
guide.

Le jour suivant nous arrivâmes dans une
jungle épaisse d'acacias et d'euphorbes, à travers laquelle il nous fallut avancer en grimpant
ou rampant sous ou sur de véritables tunnels
de branchages, coupant les lianes, écartant

les buissons épineux. Comme on peut le croire, nous n'allions pas vite et ne faisions guère de chemin. Pendant que nous traversions ce fourré, un homme mourut. C'est le premier qui périt dans ces solitudes.

Le quatrième jour nous ne fîmes que quatorze milles, la marche fut encore plus pénible que les jours précédents. On ne découvrait pas une goutte d'eau ; les porteurs les plus faibles, épuisés par la soif et la faim, ployant sous leur charge, perdaient à chaque instant du terrain et finalement s'arrêtaient, ce qui augmentait l'embarras des deux Européens commandant l'arrière-garde. On se partagea leurs fardeaux, on les encouragea à reprendre leur marche. Quelques-uns de ces pauvres gens purent ainsi atteindre le camp, où la nourriture et des remèdes appropriés les refirent. Mais cinq d'entre eux s'écartèrent de la route que suivait l'expédition, et on ne les revit plus vivants. Les batteurs d'estrade qu'on envoya explorer les bois en trouvèrent un étendu mort à un mille environ du chemin que nous avions suivi ; les autres doivent avoir erré au hasard jusqu'à ce qu'ils succombassent à la fatigue et à la faim.

Le cinquième jour nous arrivâmes à un petit village nommé Ouveriveri. Il existait depuis peu de temps et sa population ne se composait que de quatre nègres, leurs femmes et leurs enfants. Ces gens n'avaient pas une poignée de grain à nous vendre. Épuisés, la plupart de mes compagnons étaient incapables de se mouvoir. Dans cette terrible extrémité j'ordonnai une halte, et choisissant dans la caravane vingt hommes vigoureux, je les envoyai à Souna, à vingt-neuf milles de là, acheter des vivres. Puis j'explorai les bois, mais sans rencontrer aucun gibier; plus heureux, l'un de mes hommes découvrit le repaire d'une lionne et m'en rapporta deux lionceaux que je tuai et écorchai.

De retour au camp après cette chasse infructueuse, je fus tellement frappé de l'aspect des visages contractés de mes malheureux compagnons, que j'en eusse pleuré si je n'avais craint de les décourager encore davantage, et que je résolus de tenter quelque chose pour tromper leur faim dévorante. Je vidai une caisse de tôle, je la fis remplir d'eau et mettre sur le feu, et prenant dans ma pharmacie cinq livres de farine d'avoine et trois boîtes de *Revalenta arabica*, j'en composai une sorte de bouillie que l'on distribua à plus de deux cent vingt hommes! C'était un spectacle curieux de voir ces pauvres gens affamés m'aider dans mon travail culinaire, surveillant l'énorme marmite, soufflant le feu, tenant leurs gourdes prêtes pour en verser l'eau dans le liquide bouillant dès qu'il menaçait de déborder. Et quand ils purent dévorer la bouillie, leurs visages s'illuminèrent de plaisir. J'en fis donner près de ma tente une plus grosse part

aux malades et aux plus faibles; j'ouvris une
autre botte de farine d'avoine pour leur souper
et leur déjeuner. Mais comment exprimer les
sentiments que j'éprouvais en attendant le retour
des gens envoyés à Souna? Je ne m'en sens pas
le courage. Et avec quelle anxiété j'écoutais si
les coups de fusil qui devaient m'annoncer
leur succès retentiraient enfin! Après quarante-
huit heures d'angoisse le son joyeux s'en fit entendre; il éveilla en nous une nouvelle vie, une
nouvelle vigueur. Le grain fut saisi avec gloutonnerie par les affamés, et les récits de nos
pourvoyeurs surexcitèrent tellement la troupe,
que tous les soldats demandèrent à grands cris
de partir sur-le-champ. Heureux de m'éloigner
enfin de cette fatale jungle, j'y consentis; mais
deux pauvres diables rendirent encore le dernier soupir avant que le camp fût levé.

Arrivés à Souna en Ourimi, nous trouvâmes
une population remarquable par sa beauté phy-
sique et sa complète nudité. Aucun homme,
aucun enfant, n'était vêtu de quoi que ce fût;
seules, les femmes enceintes portaient une peau
de chèvre. En dépit de leur aspect agréable et
de leurs belles proportions, c'étaient bien les
gens les plus défiants que nous eussions encore
rencontrés. Il fallut un grand tact et beaucoup
de patience pour les décider à échanger des vivres contre nos étoffes et nos verroteries. Ils n'ont
point de chef, mais respectent les injonctions de

leurs vieillards, avec lesquels je traitai pour obtenir la permission de traverser leurs terres. Ils y consentirent de mauvaise grâce, ainsi qu'à nous vendre des provisions, mais nous supportâmes patiemment cette hostilité silencieuse, et je pris grand soin qu'aucun acte de l'expédition ne changeât leurs soupçons en haine.

Nos gens étaient si épuisés de fatigue que six d'entre eux moururent là. Là aussi Édouard Pocock tomba sérieusement malade d'une fièvre typhoïde. Dans son intérêt je fis à Souna une halte de quatre jours ; mais il était évident que plus nous resterions dans le pays, moins nous serions bien vus par les naturels ; il fallut donc partir, bien contre mon désir. La situation d'Édouard Pocock s'aggravait de plus en plus ; le nombre des autres malades devenait alarmant : la dyssenterie, la diarrhée, les affections de poitrine, les ulcères aux pieds, mettaient ma science médicale à l'épreuve ; mais la prudence interdisait un séjour prolongé. Les soldats durent faire office de porteurs, Pocock fut placé dans un hamac, je haranguai les malades et les faibles, les engageant à faire leur possible pour gagner des pays où les habitants fussent moins défiants, les vivres plus abondants. Imbue de cet espoir, la caravane tout entière se remit en marche dans la contrée ouverte et bien cultivée d'Ourimi.

Nous atteignîmes Tchiouyou vers 10 heures

après une courte étape, et là, le jeune Anglais Édouard Pocock rendit le dernier soupir, à notre grand regret tous. D'après les indications du pédomètre, nous avions fait 400 milles depuis la mer quand ce brave jeune homme mourut. Nous l'enterrâmes la nuit suivante; une croix profondément taillée dans le tronc d'un arbre marque sa dernière demeure à Tchiouyou.

Après deux journées de marche nous arrivâmes à Mangara, où Kaïf Allek (qui porta en 1871 les lettres de Kirk à Livingstone) fut brutalement massacré. Comme il souffrait d'un asthme, je lui avais permis de rester en arrière du gros de la caravane; les naturels l'attirèrent dans un piége et le taillèrent en pièces. Ce fut le premier acte d'hostilité ouverte de la part des Ouarimi. Ne pouvant imputer le crime à aucun village en particulier, nous partîmes le laissant impuni.

Nous campâmes près du village de Vinyata, situé sur le bord du Licoumbou, rivière que n'indiquent point les cartes, dans une grande vallée peuplée d'au moins deux à trois mille âmes. Les naturels nous firent d'abord froide mine, mais comme nous n'étions plus qu'à deux jours de marche d'Iramba, j'essayai de dissiper leurs soupçons, et vers le soir mes efforts parurent avoir porté fruit, car on nous apporta du lait, des œufs, des poulets, en échange desquels je donnai bonne mesure de toile. Le bruit de ma libéralité arriva aux oreilles du grand homme de la vallée, le médecin-sorcier, lequel, en l'absence de roi reconnu, est traité par les indigènes avec la déférence et le respect dus au pouvoir suprême. Cet important personnage m'amena le second jour un bœuf gras, et reçut en échange le double de sa valeur en étoffe et verroteries; je fis en outre de riches présents à son frère et à son fils. Le grand homme me demanda le cœur du bœuf, qui lui fut remis; j'accédai aussi à ses autres requêtes.

Nous avions été forcés de profiter du beau soleil qui brillait ce jour-là pour faire sécher nos ballots de marchandises, et je remarquai, mais sans m'en défier, que les naturels les regardaient avec convoitise. Le matin du troisième jour, le sorcier revint au camp demander encore des verroteries « pour faire fraternité avec lui ». Après quelque hésitation, craignant de trop donner, je satisfis son désir et il s'éloigna content, du moins en apparence. Au bout d'une demi-heure, le cri de guerre des Ouatourou retentissait dans chacun des deux cents villages de la vallée du Licoumbou. Ce cri de guerre est semblable à celui des Ouagogo et pourrait s'écrire : *Hihou! Éhihou!* la dernière syllabe très-longue. Comme nous avions entendu les Ouagogo pousser des cris semblables à la moindre apparition de naturels étrangers à leur tribu, cela ne nous inquiéta pas; nous pensâmes qu'il s'agissait de repousser quelques maraudeurs. Nous continuions donc notre besogne, quelques-uns des hommes allaient chercher de l'eau, d'autres couper du bois ou marchander des denrées; quand soudain la lisière du camp fut obscurcie par une centaine de naturels en tenue de guerre. Des plumes d'outarde, d'aigle, de milan, flottaient sur certaines têtes, des crinières de zèbre et de girafe encerclaient certains fronts basanés; tous tenaient de la main gauche un arc et des flèches, et brandissaient de la main droite une lance.

Cette troupe hostile nous alarma ; qu'avions-nous fait pour amener une querelle et une lutte? Me souvenant de l'attitude pacifique de Livingstone quand nous fûmes menacés par les cannibales, je donnai l'ordre que personne ne sortît du camp et ne provoquât les naturels par aucune démonstration. Cependant les Ouatouroù continuaient d'arriver en foule; chaque buisson cachait un guerrier. Heureusement notre camp était établi dans une position excellente pour la défense.

Quand ils furent devenus si nombreux que leur intention de nous combattre ne pouvait plus être douteuse, je leur envoyai un jeune homme connaissant leur langue pour savoir ce qu'ils voulaient. On lui répondit que l'un de nos hommes avait dérobé du lait et du beurre dans un petit village, et qu'il nous fallait payer cela en étoffe. Le messager fut renvoyé dire que les hommes blancs n'étaient pas venus dans le pays pour piller ni pour se quereller, qu'il suffisait de leur dire le prix des choses volées pour qu'ils le payassent de suite. Là-dessus les principaux guerriers s'approchèrent à portée de voix ; nous les entendions parler, bien que ne comprenant pas ce qu'ils disaient. Le messager nous informa que les vieillards demandaient 3 mètres 60 de calicot fort, ce qui était à peu près six fois la valeur des objets volés ; mais dans un tel moment il était inutile de barguigner à propos d'une pareille vétille, et l'étoffe fut payée aux vieillards, qui, en la recevant, se déclarèrent satisfaits et se retirèrent.

Bientôt cependant il devint évident que si les vieillards étaient contents, les guerriers ne l'étaient point, car on les vit courir par bandes dans toute la vallée et gesticuler violemment parmi la foule. Comme nous observions leur manége, nous en vîmes environ deux cents se détacher des groupes et disparaître dans un épais fourré à l'ouest du camp. Bientôt après l'un de nos hommes accourut, venant de cette direction. Il avait le visage et le bras couverts de sang et raconta que lui et un jeune garçon nommé Suleiman se trouvaient dans le taillis en train de couper du bois quand ils furent attaqués par une bande de sauvages. Bien qu'un gourdin lui eût écrasé le nez et qu'il eût le bras traversé, il avait pu s'enfuir, mais Suleiman avait succombé, percé par derrière de douze coups de lance.

Ce récit et l'aspect de leur camarade ensanglanté excitèrent tellement les soldats de l'expédition, que ce fut à grand'peine qu'on put les empêcher d'engager immédiatement la bataille. Même alors, j'espérais encore pouvoir éviter la guerre par un peu de diplomatie, ce qui ne m'empêcha pas d'ouvrir les boîtes à munitions et de faire tout préparer pour une lutte possible. Pendant qu'on travaillait à fortifier le camp, les Ouatourou, maintenant nos ennemis déclarés, s'avancèrent, et une grêle de flèches tomba autour de nous. Soixante soldats qui se tenaient prêts reçurent alors l'ordre de se déployer à 50 mètres en avant du camp, et la bataille commença. Soixante autres, munis de haches, abattirent les buissons, élevèrent tout autour du camp une hauté barricade, et vingt hommes furent chargés d'ériger des plates-formes où pourraient se placer les tireurs. De notre côté, nous ne restâmes pas inactifs; nous nous occupâmes de construire, à l'aide des sections du bateau la *Lady Alice*, une sorte de refuge central. Chacun y travailla de tout cœur.

Quand la fortification du camp fut achevée, je fis sonner la retraite, afin de donner aux sauvages le temps de réfléchir et de décider s'il était prudent pour eux de recommencer la lutte.

Les tirailleurs revinrent, annonçant que quinze ennemis étaient tués, et que beaucoup d'autres, blessés, avaient été emportés par leurs amis. Tous mes hommes s'étaient distingués, y compris *Bull*, mon boule-dogue anglais, qui avait saisi l'un des Ouatourou par la jambe et lui avait fait faire connaissance avec ses crocs aigus jusqu'à ce qu'une balle de Snider eût mis fin au supplice du pauvre sauvage. Ce jour-là et le matin suivant nous ne fûmes point inquiétés, mais vers 9 heures l'ennemi reparut en grande force, ayant appelé à son aide toutes les populations du voisinage. Bien qu'il nous répugnât de combattre des gens avec lesquels, la veille encore, j'espérais établir de bonnes relations, il n'y avait pas à hésiter. Je choisis donc quatre hommes expérimentés pour commander chacun un détachement, et leur donnai l'ordre de marcher dans des directions différentes à travers la vallée, de saisir tout le bétail et de brûler chaque village dont ils s'empareraient.

Bientôt l'action s'engagea ; les ennemis s'enfuirent rapidement, poussant des clameurs, vers une plaine ouverte située près de la rivière. Les hommes du détachement commandé par Farjalla Christie se laissèrent entraîner par leur ardeur, s'imaginant qu'il suffisait de se montrer aux sauvages pour les mettre en fuite ; mais une fois arrivé dans la plaine il fut entouré d'une masse compacte de nègres, qui

massacra tous les soldats moins un seul, le
messager qui les avait accompagnés pour revenir m'informer de l'échec ou du succès. J'avais
eu soin de prendre cette précaution pour chacune des colonnes. Dès que ce messager eut
rejoint le camp, j'expédiai du renfort qui arriva
trop tard pour le détachement Farjalla, mais
fort à point pour le second, commandé par Fe-
rahan. En effet, les sauvages, après avoir massacré la première colonne, s'étaient précipités
sur l'autre avec l'intention évidente de détruire
en détail les forces qu'on leur opposait. Quand
le renfort arriva, il n'était que temps. Déjà deux
soldats du second détachement étaient tués, le
capitaine avait reçu dans le flanc un coup de
lance, les hommes encore valides étaient cernés. Un feu de peloton bien dirigé stupéfia l'ennemi et sauva le détachement. Combinant leurs
forces, nos hommes firent ensuite une nouvelle
décharge, et continuèrent leur marche sans
presque rencontrer de résistance vers les extrémités est et nord de la vallée. Pendant ce
temps-là, des nuages de fumée s'élevant au sud
et au sud-est nous indiquèrent que les troisième
et quatrième colonnes poursuivaient victorieu-
sement leur marche, et bientôt une vingtaine
de villages furent en flammes. Même à la distance de huit milles nous apercevions des villages qui brûlaient, et peu après l'incendie
apparut au nord et à l'est, annonçant notre

triomphe de tous côtés. Vers le soir les soldats reparurent, ramenant du bétail et quantité de grain au camp, mais lorsque l'appel eut lieu, je constatai la perte de vingt et un hommes tués ; l'ennemi en avait perdu trente-cinq.

Le troisième jour, nous recommençâmes la bataille avec soixante hommes déterminés, qui reçurent l'ordre de suivre la vallée dans toute sa longueur, et de détruire ce qui avait échappé la veille. Au nord-est ils trouvèrent un grand et fort village dans lequel ils pénétrèrent après une légère résistance. Il contenait beaucoup de grain, ils prirent tout ce qu'ils purent emporter, après quoi ils mirent le feu aux huttes. Bien avant midi, il devint évident que les sauvages avaient assez de la lutte, qu'ils étaient complétement démoralisés ; aussi nos gens purent-ils traverser de nouveau la vallée pour revenir au camp sans que, cette fois, on essayât de les inquiéter.

Le lendemain matin, avant l'aube, nous levâmes le camp et continuâmes notre voyage dans la direction du sud ouest, emportant des provisions suffisantes pour six jours, et laissant les naturels d'Itourou méditer la dure leçon qu'ils s'étaient attirée par leur convoitise, leur perfidie et leur attaque meurtrière sur de paisibles étrangers.

Nous formions encore une formidable troupe, nombreuse, pourvue d'armes et de marchandises en abondance, bien que, pour une expédition destinée à explorer une si grande étendue de pays jusqu'alors inconnus, nous eussions cruellement souffert. J'étais parti de la côte avec plus de trois cents hommes ; quand je passai en revue la caravane à Mgongo Tombo, en Iramba, où nous arrivâmes trois jours après avoir quitté la scène des luttes ci-dessus décrites, je trouvai qu'il ne m'en restait plus que cent quatre-vingt-quatorze. En moins de trois mois, j'avais déjà perdu par la dyssenterie, la famine, les maladies de cœur, la désertion et la guerre, plus de cent vingt Africains et un Européen ! Même dans un régiment nombreux, une telle réduction serait jugée une catastrophe. Quel nom lui donner quand le recrutement est impossible, là où chaque homme qui meurt constitue une perte qu'on ne peut réparer ; quand l'œuvre à accomplir — travail qui doit durer des années, — ne fait que commencer ; quand chaque matin l'on se dit à soi-même : « Aujour-« d'hui sera-t-il mon dernier jour ? »

LETTRE IV

LE ROI MTESA, SA COUR ET SA CAPITALE.

Oulagalla, capitale de Mtesa, Ouganda, 12 avril 1875.

Je vous écris cette lettre à la hâte, mais si brève qu'elle soit, je suis sûr qu'elle intéressera vos lecteurs, car elle résout la grande question : Le Victoria Niyanza est-il, comme Speke l'a pensé, un lac unique, ou, comme le croyait Livingstone, un groupe de lacs ?

Je viens d'explorer, à l'aide de la *Lady Alice*, la presque totalité des côtes sud-est, est et nord-est du grand lac, j'ai pénétré dans chaque golfe, baie ou détroit, et bien que ma tâche ne soit pas encore terminée, je crois pouvoir me prononcer sans hésitation. Quand Livingstone a cru que le Niyanza comprenait cinq lacs, il s'est trompé. Au contraire, Speke disant que le Niyanza ne forme qu'un lac avait parfaitement raison. Mais je crois qu'à l'est dudit Niyanza, ou plutôt au nord-est de ses côtes, il existe d'autres lacs n'ayant point de connexion avec lui. Je compte d'ailleurs revenir plus en détail

4.

sur ce sujet par la suite. J'ai une quantité de notes concernant les pays que je viens de visiter ; aussitôt de retour au camp, j'en dresserai la carte, mais ici je n'ai ni papier, ni règles parallèles. Je me suis muni seulement des instruments indispensables aux observations, car il ne fallait pas surcharger le bateau, déjà encombré de provisions, d'armes, etc., pour qu'il pût naviguer aisément sur le Niyanza pendant les gros temps, si fréquents sur ce lac.

Je vous ai déjà informé que notre camp est établi à Kagehyi, en Ousoukouma, par 33 degrés 13 minutes de longitude est et 2 degrés 31 minutes de latitude sud. C'est de là que je suis parti sur la *Lady Alice* avec un équipage de onze hommes choisis et un guide, dans la direction de l'est, région inconnue et fabuleuse, toujours côtoyant le lac pour en reconnaître les bords...

... Au nord de Chirati, le district le plus septentrional d'Ourouri, commence la contrée d'Ougeyeya, dont l'aspect pittoresque contraste avec celui des plaines de Chirati et Moulorou. Il y a là des montagnes abruptes qui s'élèvent à 3,000 pieds au-dessus du niveau du lac. Cette côte est aussi très-tourmentée, très-tortueuse. Les habitants sont timides, défiants ; de puissants voisins les harcèlent sans cesse, et ils ne parlent aux étrangers qu'avec répugnance, les Arabes marchands d'esclaves de Pangani ne les ayant guère disposés à aimer les gens porteurs de fusils. Sungoro, l'un de ces trafiquants en chair humaine, fait construire en ce moment un bateau de 30 ou 40 tonneaux à l'aide duquel il compte donner plus d'extension à son infâme négoce. Rien, je l'avoue, ne m'aurait été plus agréable que d'être chargé, par un gouvernement quelconque, de pendre de pareils misérables partout où je les aurais trouvés ; et si jamais un pirate a mérité la mort en punition de ses crimes contre l'humanité, c'est Sungoro, le marchand d'esclaves !...

... Les naturels de l'île d'Ouvouma se montrèrent hostiles et perfides. Nous en passions à quelques mètres, échangeant avec eux des paroles amicales, quand ils nous attaquèrent soudain à coups de pierres énormes ; quelques-unes frappèrent le bateau. Nous nous éloignâmes en toute hâte de cette rive inhospitalière, mais pas avant que j'eusse abattu celui de ces coquins qui se trouvait le plus en avant d'un coup de revolver.

Quelques milles plus loin nous entrâmes dans un détroit qui sépare les îles d'Ouvouma de celles de Bugayeya. Nous aperçûmes là une flotte de treize grands canots, sur lesquels se trouvait une centaine de guerriers armés de lances, de boucliers et de frondes. Le premier canot contenait des paniers de patates que ces gens nous montrèrent de loin, comme s'ils avaient été désireux de nous les vendre. Je fis cesser de ramer et on laissa s'approcher le canot. Pendant qu'on marchandait les patates, les autres canots survinrent, entourèrent notre bateau, et les naturels qui les montaient commencèrent à porter subrepticement les mains partout ; mais nous nous en aperçûmes, et je menaçai les voleurs de ma carabine. Ils ne firent qu'en rire et saisirent immédiatement leurs boucliers et leurs lances, pendant que l'un des canots s'éloignait à la hâte, emportant quelques verroteries que son équipage nous avait dérobées et que l'un des guerriers nous montra de loin pour nous narguer, nous excitant par gestes à le poursuivre. Craignant les conséquences probables d'une pareille insolence si elle restait impunie, je fis feu, et l'homme tomba mort. Les autres se préparaient à lancer leurs zagaies, mais ma carabine à répétition eut raison de ces prétendus guerriers qui comptaient si bien nous piller. Trois furent tués, et comme ils s'enfuyaient, les balles explosibles lancées par ma carabine à éléphants défoncèrent l'un de leurs canots, ainsi que nous en pûmes juger par le désordre qui s'y produisit. Après quelques décharges de cette arme puissante, nous continuâmes tranquillement notre exploration, car il n'était pas nécessaire de fuir alors qu'on venait de mater treize canots portant plus de cent hommes.

... En arrivant à l'île de Kriva nous trouvâmes des guides qui nous offrirent, sans que nous eussions à le leur proposer, de nous conduire jusqu'à la capitale de Mtesa. Après une courte halte dans l'île de Kibiki, nous continuâmes jusqu'à Oukafou, d'où nous dépêchâmes des messagers pour annoncer au roi l'arrivée d'un voyageur blanc dans Ouganda. A Beyal, nous fûmes reçus par une flotte de canots envoyés par Mtesa pour nous conduire dans la baie de Murchison, où nous débarquâmes le 4 avril au milieu d'une foule de plus de deux mille personnes, qui nous saluèrent par une décharge assourdissante de mousqueterie et en agitant des drapeaux. Un chef me conduisit dans une habitation confortable, et peu après on m'amena seize chèvres, dix bœufs, une immense quantité de patates, de bananes, de plantains, ainsi que des œufs, des poulets, du lait, du riz et du beurre. Un don aussi royal augmenta encore la curiosité que j'avais de voir le généreux monarque. Dans l'après-midi, Mtesa, s'étant préparé pour ma réception, m'envoya dire qu'il était prêt à me souhaiter la bienvenue. Sortant de mon habitation, je me trouvai dans une vaste rue de quatre-vingts pieds de large et d'un demi-mille de long, des deux côtés de laquelle la garde personnelle du roi, ses serviteurs, ses capitaines et leur suite, au nombre d'environ trois mille, formaient la haie.

A l'extrémité de cette rue et lui faisant face

se trouvait le palais des réceptions officielles, dans l'ombre duquel j'aperçus confusément le roi assis dans un fauteuil. Pendant que j'avançais vers lui les soldats ne cessèrent de tirer des coups de fusil. Seize tambours battaient avec un bruit assourdissant, de nombreux fifres ajoutaient au vacarme leur son criard et discordant, les drapeaux flottaient de toutes parts, et je ne pus m'empêcher de penser que toute cette pompe était bien au-dessus de mes mérites. Je me sentis fort embarrassé d'une réception si flatteuse. Quand j'arrivai devant le palais, le roi, vêtu d'un costume arabe, se leva, fit vers moi quelques pas en agitant la main, mais sans rien dire, pendant que les tambours et les fifres continuaient leur tapage, et nous restâmes immobiles en face l'un de l'autre, nous regardant en silence pendant quelques minutes. Je me sentais plus embarrassé que jamais, lorsque les tambours cessèrent de battre, les fifres se turent, et je fus invité à m'asseoir, Mtesa m'en donnant l'exemple, qui fut également suivi par ses grands capitaines, au nombre de cent environ.

Mis ainsi plus à l'aise, je pus examiner le puissant monarque. Mtesa est âgé d'environ trente-quatre ans, il est de haute taille et mince, avec de larges épaules; son visage est très-agréable, plein d'intelligence et de douceur. Ses yeux sont grands, son nez et sa bouche ont des lignes plus correctes que chez les nègres ordinaires, et rappellent plutôt ceux des Arabes ayant dans les veines du sang mêlé. Ses dents sont splendides, d'une blancheur éclatante.

Quand il commença de parler, je fus captivé tout de suite par ses manières, car il a beaucoup de la politesse d'un vrai *gentleman*. Il est à la fois sympathique, aimable et gracieux. Cela m'amena à croire que j'avais trouvé en ce potentat un ami, un roi généreux et intelligent. Il n'est pas personnellement inférieur à Seyd Burghash, le sultan arabe de Zanzibar, et me parut en vérité semblable à un gentilhomme de couleur qui a visité les cours européennes et y a acquis un certain vernis, de bonnes manières, et des connaissances étendues. Si l'on se souvient, cependant, que Mtesa est un naturel de l'Afrique centrale, et qu'il n'avait encore vu que trois hommes blancs avant que j'arrivasse chez lui, on sera sans doute aussi étonné que je le fus. Et si l'on réfléchit à l'énorme étendue du territoire qu'il gouverne, territoire qui s'étend du 31ᵉ au 34ᵉ degré de longitude est et du 1ᵉʳ degré de latitude nord à 3 degrés 30 minutes de latitude sud, on comprendra aisément l'immense influence qu'il pourrait exercer sur la civilisation de l'Afrique.

Sans aucun doute, le Mtesa d'aujourd'hui est infiniment supérieur au jeune homme vaniteux que Speke et Grant ont visité. Il n'y a plus aujourd'hui dans ses États de massacres d'hommes ou de femmes; rarement on y met à mort quelqu'un. Speke et Grant l'ont vu adolescent ignorant, vaniteux, et païen. C'est maintenant un *gentleman*, et, professant l'islamisme, il se soumet à d'autres lois que ses volontés capricieuses, qui eurent jadis, nous dit-on, de si cruelles et si fatales conséquences. Tous ses capitaines et principaux officiers observent la même croyance, s'habillent de costumes arabes et se conforment aux coutumes arabes. Il a une garde de deux cents hommes : renégats de l'expédition de Baker, fugitifs de Zanzibar, plus quelques Omani et Ouagauda choisis avec soin.

Derrière son trône, fauteuil de fabrication indigène, se tenaient debout les porte-bouclier et porte-lance royaux ; à ses côtés ses grands chefs et courtisans, les fils des gouverneurs de ses provinces, les chefs de districts, etc., etc.

Mtesa m'adressa une foule de questions qui indiquaient une grande curiosité et beaucoup d'intelligence. Il était venu dans cette localité, nommée Ousavara, quatorze jours avant mon arrivée, pour se livrer avec sa nombreuse suite à la chasse aux oiseaux. Il se proposait maintenant de retourner, après deux ou trois jours de repos, à sa capitale d'Oulagalla ou Ouragara.

Pendant mon séjour à Ousavara, ce ne furent que réjouissances. Le lendemain de ma réception, nous assistâmes à une grande revue navale ; quatre-vingt-quatre canots, montés chacun

par trente ou quarante hommes, s'y trouvaient;
il y eut de très-belles régates et diverses ma-
nœuvres nautiques. Chaque amiral rivalisait
avec ses collègues pour proclamer la gloire de
leur monarque et exciter l'admiration des nombreux spectateurs réunis sur la grève. Les trois
cents femmes du roi étaient là en grande tenue
et ne formaient pas le trait le moins piquant du
tableau. Le second jour, Mtesa conduisit lui-
même sa flotte, pour me montrer ses prouesses
à la chasse aux oiseaux d'eau. En route, nous vi-
sitâmes un *dhow* (sorte de grand bateau) qu'il
fait construire pour naviguer sur le lac, ainsi
que sa résidence pendant le Ramadan, ou carême
mahométan, et son ancienne capitale, Banda,
où Speke et Grant le rencontrèrent. Le troisième
jour, les troupes furent exercées au tir à la cible, et le quatrième nous partîmes tous pour la
grande capitale, la Kibouga de Ouganda, Oulagalla ou Ouragara.

Mtesa est un grand roi. C'est un monarque qui
réjouirait le cœur de n'importe quel Européen intelligent, car il verrait certainement comme moi,
dans cette noire majesté, l'espoir de l'Afrique centrale. Il est roi de Karagouie, d'Ouganda, d'Ounyoro, d'Ousougo et d'Ousouni. Chaque jour je
découvrais quelque chose qui augmentait mon estime et mon respect pour lui. Il aime beaucoup
imiter les Européens et ce qu'il a entendu dire de
leurs grands personnages; cette tendance, si on la

guidait un peu, produirait de grands avantages pour son pays. Il a fait préparer de vastes et belles routes pour le moment où quelque Européen charitable lui enverra n'importe quelle espèce de véhicule.

A mesure que nous approchions de la capitale, la grande route d'Ousavara devenait de plus en plus large, jusqu'à ce qu'elle atteignît cent cinquante pieds. Arrivés à ce point nous aperçûmes la ville, qui couronne une éminence d'où l'on peut embrasser d'un coup d'œil une contrée riche et pittoresque, où abondent les jardins, les bosquets, les plantations de bananiers, ainsi que de magnifiques pâturages. Si vastes qu'elles soient, des huttes ne peuvent guère augmenter l'attrait d'un paysage, aussi n'en parlerai-je point; mais je dois signaler un grand mât de pavillon et un immense drapeau, qui formaient l'un des traits caractéristiques du point de vue.

Arrivé dans la capitale, je trouvai que la vaste agglomération de constructions au sommet de la colline était le palais du roi, entouré de cinq cours closes chacune par des palissades, et séparé de la cité proprement dite par une route circulaire large de cent à deux cents pieds, d'où rayonnaient six ou sept imposantes avenues bordées de jardins et de huttes.

Le lendemain, je fus reçu en grande pompe dans l'habitation particulière du roi. Aucune des scènes primitives que raconte Speke ne s'y produisit. Les gardes, habillés de cotonnade blanche, n'avaient plus l'aspect comique d'alors. Les chefs, vêtus de riches costumes arabes, avaient fort bon air. Ce palais du roi est très-vaste et fort haut, bien bâti de joncs et d'herbes; le toit est soutenu par de grands troncs d'arbres et tapissé de toile à l'intérieur.

Le quatrième jour après mon arrivée, la nouvelle se répandit qu'un autre homme blanc s'approchait de la capitale, venant d'Ounyoro, et le lendemain j'eus le plaisir extrême de saluer le colonel Linant de Bellefonds, officier au service de l'Égypte, qui avait été envoyé par le colonel Gordon vers Mtesa pour conclure avec ce dernier un traité de commerce entre lui et le gouvernement égyptien. Cette rencontre, bien que moins émouvante que celle que je fis du vénérable David Livingstone à Oudjidji en novembre 1871, peut néanmoins être jugée singulière et heureuse pour chacun des intéressés. Je trouvai dans le colonel de Bellefonds un *gentleman* extrêmement bien renseigné, énergique, et un grand voyageur. Sa connaissance des contrées situées entre Ouganda et Khartoum est très-détaillée, très-exacte et très-complète; d'où je conclus que fort peu de la géographie de l'Afrique centrale entre les cataractes du Nil et Ouganda reste maintenant inconnu. A cette masse de documents il faut encore ajouter mon exploration des sources du Nil qui se déversent dans le

Niyanza, et aussi les nouveaux pays que j'ai visités entre le Niyanza et la route d'Ounyanyembé. L'arrivée du colonel de Bellefonds fut pour moi une véritable bonne fortune, car elle me fournit les moyens de pouvoir vous adresser le récit de mes découvertes géographiques, ainsi que plusieurs lettres qui depuis longtemps attendaient uncourrier.

Je me propose de retourner après-demain à Ousoukouma afin de continuer mes recherches géographiques le long des côtes occidentales du Victoria Niyanza. Ceci fait, je conduirai l'expédition à la vallée de Katonga, et de là, ayant rendu une autre visite à Mtesa, je compte marcher directement vers l'ouest jusqu'au lac Albert Niyanza, où j'espère rencontrer quelques-uns des compagnons du colonel Gordon, grâce à la courtoisie certaine desquels je pourrai vous envoyer plusieurs autres lettres racontant des découvertes et des aventures.

LETTRE V

Capitale de Mtesa, Ouganda, 14 avril 1875.

Je ne dois pas oublier de vous parler d'un sujet ayant rapport à Mtesa, et qui réjouira certainement beaucoup de philanthropes anglais et américains.

Je vous ai déjà dit que Mtesa et toute sa cour professent l'islamisme. Il y a cinq ou six ans environ, Khamis Ben Abdullah (le seul Arabe qui me soit resté fidèle en 1872, quand tous les autres s'enfuirent par peur de Mirambo) vint en Ouganda. Il était riche, de naissance noble, de belle apparence, il apportait pour Mtesa des présents tels, que peu d'Arabes eussent pu lui en faire de semblables. Tout cela fascina le roi; et vraiment peu d'hommes blancs pourraient rester longtemps avec Khamis sans se sentir attirés vers lui par sa belle face olivâtre, sa noble et fière tournure, sa générosité. J'avoue n'avoir jamais rencontré d'Arabe ou de musulman aussi aimable, aussi sympathique; il n'est donc pas

étonnant que Mtesa, rencontrant chez lui un
esprit, des qualités analogues aux siennes, et de
plus étonné et séduit par sa belle prestance, la
splendeur de ses vêtements, le déploiement de
ses richesses et le nombre de ses esclaves, se soit
pris pour lui d'une grande amitié. Khamis
resta auprès de Mtesa une année entière, et pendant ce temps le roi se convertit à la religion de
son visiteur, c'est-à-dire au mahométisme.
L'Arabe revêtit Mtesa des plus beaux effets de
sa garde-robe, il lui donna des jaquettes bro-
dées d'or, de fines chemises blanches, des san-
dales écarlates, des sabres, des ceintures de soie
et une carabine à répétition, si bien que les
présents de Speke et de Grant lui semblèrent
bien insignifiants à côté de tout cela.

Or, avant que j'arrivasse à la cour de Mtesa,
le roi se figurait que moi aussi j'étais musulman et s'en réjouissait, mais je me flatte d'a-
voir renversé à terre l'édifice frais construit de
la religion nouvelle; et si elle eût été suivie de
l'arrivée d'une mission chrétienne, la conversion
de Mtesa et de ses courtisans au christianisme
serait, je crois, complète. J'ai tellement miné
l'islamisme ici que Mtesa a pris la résolution,
en attendant d'être mieux renseigné, d'observer
le dimanche chrétien aussi bien que le vendredi
mahométan, et ses grands capitaines y ont una-
nimement consenti. En outre, il a fait écrire
sur un tableau les dix commandements de

Moïse pour les lire chaque jour, — car Mtesa sait lire l'arabe, — ainsi que l'oraison dominicale et le commandement de notre Sauveur : « Tu aimeras ton prochain comme toi-même. »

Ceci est un grand résultat obtenu eu égard au peu de temps que j'ai passé auprès de lui, et bien que je ne sois nullement un missionnaire, je commence à croire que je pourrais le devenir, si toutefois la chose est possible. Mais si un véritable missionnaire, pieux et d'esprit pratique, venait ici, quel champ il aurait devant lui ! quelle moisson s'offre à la faucille de la civilisation ! Mtesa lui donnerait tout ce qu'il pourrait désirer : maisons, terres, bétail, ivoire, etc.; il pourrait arriver à posséder toute une province. Néanmoins, ce n'est pas un simple prédicateur qu'il faudrait ici. Les évêques de la Grande-Bretagne réunis, auxquels se joindraient même tous les étudiants en théologie d'Oxford et de Cambridge, n'obtiendraient rien par la parole seule du peuple intelligent d'Ouganda.

Un pasteur chrétien qui serait en même temps un homme pratique, qui pourrait enseigner aux gens à devenir chrétiens surtout par son exemple, qui guérirait leurs maladies, qui construirait des habitations, qui connaîtrait et démontrerait l'agriculture en en obtenant des résultats, qui mettrait la main à tout, comme un marin, voilà l'homme qu'il faudrait. Si l'on peut trouver un pasteur semblable, s'il existe, il deviendrait le sauveur de l'Afrique. Il ne devrait point être lié à aucune église ou secte, mais professer la croyance en Dieu, en son Fils et la loi morale ; il devrait mener une existence sans tache, inspirée par des principes libéraux, la charité envers tous les hommes, et une foi sincère dans la Providence. Il ne devrait appartenir à aucune nation en particulier, mais à la race blanche en général.

C'est un tel homme ou de tels hommes que Mtesa, roi de Ouganda, Ousaga, Ounyoro et Karagouie, — royaume de 360 milles géographiques de long sur 50 de large, — invite à se rendre auprès de lui. Il m'a prié de dire aux hommes blancs que s'ils veulent venir le trouver, il leur donnera tout ce dont ils auront besoin. A l'heure qu'il est, je le demande, existe-t-il dans le monde païen tout entier un champ plus fertile pour une mission qu'Ouganda ? Le colonel Linant de Bellefonds est mon témoin, il sait que je dis la vérité et affirmera mon dire. Bien que Français, il est calviniste, et en est arrivé à s'intéresser autant que moi aux Ouaganda.

Pourquoi donc dépenser inutilement de grosses sommes pour de noirs païens d'Afrique qui n'ont sous les yeux aucun exemple, parmi leurs voisins, de conversion au christianisme ? Je parle ici pour la Mission de Zanzibar et les libres méthodistes de Mombasa, ainsi que pour les principaux philanthropes et les gens pieux d'Angleterre. Voilà, *gentlemen*, une rare occasion, saisissez-la, emparez-vous-en ! Le peuple, sur les rives du Niyanza, vous appelle. Obéissez à vos généreux instincts, écoutez sa voix, et je vous assure que dans un an vous aurez converti au christianisme plus d'idolâtres que tous les autres missionnaires réunis. Le royaume de Mtesa est très-peuplé ; j'estime le nombre de ses sujets à deux millions. Vous ne devez pas craindre de dépenser de l'argent pour cette mission, car Mtesa règne là seul, et il remboursera dix fois les avances en ivoire, café, peaux de loutre d'une très-belle qualité, ou même en bétail, car la richesse de la contrée en tous ces produits est immense. La route pour venir ici serait par le Nil, ou *vid* Zanzibar, Ougogo et Ounya-nyembé. La première me semble préférable aussi longtemps que le colonel Gordon gouvernera les pays qu'arrose le Nil supérieur.

Je conseillerais à la mission, si elle daignait écouter mes avis, d'apporter à Mtesa, comme présents, trois uniformes militaires complets et très-brodés d'or, une demi-douzaine de képis français, un sabre, une paire de pistolets, un fusil de chasse et une carabine avec leurs munitions en quantité suffisante, — le tout de bonne qualité, car ce roi n'est point un barbare, — un service de table en faïence anglaise bon marché, un lit de fer et des courtepointes, quelques pièces d'indienne, des bottes et bottines, etc.

Comme marchandises pour en trafiquer, il faudrait de belles étoffes de laine bleues, noires et grises, quantité de boutons d'uniforme, de la tresse et des cordons dorés, du cordon de soie de diverses couleurs ainsi que des bandelettes, de la toile et du calicot pour chemises, quelques chaises et tables. Le profit résultant de la vente de ces objets serait énorme.

La mission devrait aussi se munir, pour son usage personnel, de marteaux, de scies, de tarières, de ciseaux, de haches, hachettes et cognées, de doloires, d'outils de charpentier et de forgeron (les Ouaganda apprendraient vite à s'en servir), de vrilles pour percer des trous de mine et de poudre spéciale à ce travail, d'un couple d'assez grandes enclumes, d'une forge et de soufflets, d'un assortiment de clous, de pointes et de chevilles, d'une charrue, de bêches, de pelles, de pioches et d'une couple de tilburys légers comme spécimen, ainsi que de tous les petits objets dont l'idée viendrait aux personnes que j'invite. Un assortiment de graines potagères et d'autres semences serait aussi fort utile, ainsi que de la céruse, de l'huile de lin, des pinceaux et des brosses, quelques tomes de journaux illustrés, des gravures brillamment coloriées, une lanterne magique, des fusées et un appareil photographique. Le coût total de toute cette pacotille n'excéderait pas cinq mille livres sterling (125,000 fr.).

LETTRE VI

EXPLORATION DU VICTORIA NIYANZA ; CE LAC EST UNE GRANDE MER INTÉRIEURE.

Village de Kagehyi, district d'Ouchambi, pays d'Ousoukouma, 15 mai 1875.

A l'aide de la carte ci-incluse, vous pourrez aî-
sément vous rendre compte de la position des localités mentionnées dans ma dernière lettre et de
celles que je serai obligé de citer dans celle-ci. Il
est inutile de revenir sur ce que je vous disais dans
ma lettre d'Ouganda, mais puisque je vous envoie une carte, ce ne sera pas peine perdue que
d'esquisser brièvement les traits caractéristiques
des contrées situées entre Ousoukouma et Ouganda.

... A midi j'arrivai sous l'équateur, à quatre
milles au nord je trouvai l'eau décolorée et constatai un léger courant venant du sud-ouest.
Apercevant une petite baie qui pouvait être
l'embouchure d'une rivière, car aucune terre
n'était visible à son extrémité est, je crus avoir
découvert un fleuve rival du Chimieyou; mais,

au bout d'une heure, la côte reparaissant de toutes parts et l'entourant, nous révéla les limites et l'étendue de la baie de Nakidamo. Nous jetâmes l'ancre près d'un village et essayâmes d'attirer l'attention de quelques pêcheurs de l'aspect le plus sauvage, mais ces barbares complétement nus se bornèrent à nous regarder fixement de dessous leurs huttes de peaux et disparurent à la hâte, sans doute pour aller conter à leurs femmes et à leurs parents l'apparition qu'ils venaient d'avoir, et comment un bateau pourvu d'ailes blanches avait passé devant eux, portant des hommes étrangers coiffés de capos rouges, à l'exception d'un seul, un visage pâle habillé de blanc dont la face était rouge comme du sang, et que ce dernier, leur criant des paroles inintelligibles, les avait tellement effrayés qu'ils s'étaient enfuis. Ceci deviendra une curieuse tradition à ajouter aux nombreux récits merveilleux que l'on débite en Ougeyeya : tradition qui, amplifiée et embellie par les sauvages stupéfaits et terrifiés, peut devenir avec le temps la plus merveilleuse de toutes les merveilles.

Nous apercevant que toutes nos politesses étaient ainsi rudement repoussées, nous prîmes le parti de disparaître aussi de cette baie écartée, et nous entrâmes dans une autre beaucoup plus vaste. A son extrémité se jetait une rivière, rivière dont nous n'apprîmes le nom — Ougooué — qu'après une longue et patiente conversation avec les peureux naturels. A cet endroit les hippopotames étaient aussi hardis que les sauvages y sont timides, et un couple de ces monstres amphibies donna la chasse à notre bateau.

Ces hippopotames offriraient un rare *sport* à l'équipage d'une embarcation construite exprès pour cela, et dont la coque serait assez solide pour supporter le choc de leurs défenses ; on les verrait alors souffler et se ruer contre les parois à leur cœur content ; mais si je puis y tenir la main, la *Lady Alice*, belle dame à la délicate peau de cèdre et aux côtes de hickory mince, ne se trouvera jamais en contact immédiat avec l'ivoire dur comme fer du grossier et brutal hippopotame, car elle serait réduite en allumettes, écrasée comme un œuf avant qu'on pût dire un seul mot, et alors les crocodiles affamés nous digéreraient à leur aise.

La besogne de l'explorateur est, à mon avis, plus noble que celle qui consisterait à poursuivre des chevaux de mer, et notre vaillant bateau de cèdre a encore bien des milles à parcourir avant d'avoir accompli sa tâche. L'étendue encore inconnue du Victoria Niyanza au nord, au nord-ouest et à l'ouest, nous invite ainsi qu'elle — la *Lady Alice* — à venir contempler les merveilles naturelles et les vues délicieuses qu'elle recèle. L'orageux lac Albert, le tempétueux Tanganika, bien qu'encore distants, nous engagent à venir naviguer sur leurs vagues; plus loin encore, Banguelo, Moero et le lac Lincoln nous promettent de belles perspectives, de riches récompenses, si seulement nous pouvons endurer d'ici là les « coups de poing » des tempêtes, les fièvres des marécages et des forêts, et le choc de l'hostilité et de l'ignorance des sauvages. Sacrifierons-nous la perspective de cette riche moisson, de cette acquisition de connaissances nouvelles, à une heure de plaisir farouche en nous mettant à la poursuite de ces laids et formidables hippopotames ? Je ne consentirai jamais à cela. Laissons les admirateurs de *sport* à n'importe quel prix appeler cette réserve manque de résolution, la désigner même par un nom pire encore s'ils veulent, moi, je dis que c'est de la prudence. Je leur garde cependant le récit d'une aventure avec un cheval de rivière, un hippopotame couard, à l'esprit lourd, au cerveau paresseux, — je puis l'insulter tout à mon aise dans vos colonnes sans craindre de procès en diffamation, car ses frères, grâce à Dieu, ne lisent ni le *New-York Herald* ni le *Daily Telegraph*, — aventure qui fera battre plus d'un jeune cœur ; et une autre entrevue, cette fois avec un lion ou plutôt une bande de lions, tout aussi émouvante. Mais je conterai cela plus tard, une fois campé en sécurité quelque part et quand ma besogne sera plus avancée qu'à l'heure qu'il est. Revenons donc à notre sujet, et constatons que nous nous enfuîmes lâchement, toutes voiles dehors, devant les deux hippopotames dont je viens de parler à l'instant.

... J'ai décrit la côte depuis Menouanda jusqu'à Ouganda, et raconté en détail ma visite à Mtesa, ainsi que mon heureuse rencontre avec le colonel Linant de Bellefonds, de l'état-major de Gordon ; inutile donc de revenir là-dessus.

Le lendemain du jour où je vous écrivis ma dernière lettre, je conclus avec le roi d'Ouganda un arrangement aux termes duquel il consentit à me prêter trente canots et cinq cents hommes pour conduire et escorter l'expédition depuis Ousoukouma jusqu'à la rivière Katonga. Avec cette promesse et dix grands canots comme arrhes, je partis le 17 avril de la baie de Murchison. Nous naviguâmes de conserve jusqu'à la rivière Katonga, mais là le capitaine commandant les Ouaganda dit qu'il devait aller jusqu'à Sassé, — la plus grande île du lac, située à douze milles de la terre ferme, — pour se procurer les vingt autres canots promis par Mtesa. En partant, il me laissa deux de ceux qu'il commandait pour m'accompagner, promettant que je serais rejoint sous peu de jours par la flotte tout entière. J'étais impatient de continuer mon exploration du lac et d'arriver à Ousoukouma, craignant que pendant ma longue absence il ne s'y fût produit quelque chose de nature à entraver mon succès ou à troubler ma tranquillité d'esprit.

Je prenais mes observations deux fois par

jour, l'une à midi pour la latitude, l'autre ensuite pour la longitude, et j'ai le regret de dire
que si je ne me suis point trompé, Speke, dans
son relevé de latitudes le long de la côte tout
entière d'Ouganda, a fait erreur d'environ
quatorze milles...

... Je dois être bref, car l'esclave de Singaro
qui va emporter cette lettre est pressé de rejoindre sa caravane, qui est déjà partie en avant.
Dans ma prochaine, je continuerai l'énumération
des points que j'ai déterminés (1), et elle contiendra en outre le récit de plusieurs aventures
désagréables qui nous sont arrivées, et grâce
auxquelles nous avons rejoint l'expédition dans
des conditions assez piteuses. Et cependant
notre situation n'était pas, à beaucoup près,
aussi mauvaise qu'elle le fût devenue si nous
étions arrivés seulement deux jours plus tard,
car je doute beaucoup qu'alors j'eusse retrouvé
à Kagehyi une expédition à commander. J'étais resté trop longtemps absent, et notre combat contre les Ouavouma avait été agrandi,
grossi à un tel point par les récits des naturels,
que la victoire remportée à Ardashan par Sir
Garnet Wolseley contre les Ashantis n'était

---

(1) Ces observations n'offrant d'intérêt véritable qu'aux
géographes, nous avons cru devoir les supprimer ; d'autant
plus que, prises au fur et à mesure, sans contrôle possible,
elles donneront lieu à de nombreuses rectifications. On les
retrouvera, dûment vérifiées et classées, dans le livre que
M. Stanley va publier prochainement.

rien à côté de la nôtre, car on racontait que nous avions détruit toute une flotte de canots, dont aucun n'avait échappé, et que là-dessus une ou plusieurs tribus avaient réuni une armée qui nous avait battus et détruits de même. Cette histoire fantastique avait, bien qu'incroyable, trouvé croyance chez une partie de nos soldats, et les avait déterminés à retourner à Ounyanyembé, et de là à Zanzibar. Mais ici comme sur le lac Dieu a été avec nous, et bien que nous ayons souffert de quelques épreuves, il nous en a épargné de plus grandes encore.

Nous étions partis du camp depuis cinquante-huit jours, pendant lesquels nous avions exploré dans notre brave petit bateau plus de mille milles le long des côtes du lac, mais une partie de celles sud-ouest nous reste encore à visiter. Nous ne quitterons pas le Niyanza, cependant, avant d'avoir complétement achevé ce travail. A mon retour, j'appris que l'un des deux compagnons blancs qui me restaient, Frédéric Barker, du Langham Hotel, London, était mort le 23 avril, douze jours avant que je reparusse à Kagehyi. Sa maladie avait été, autant que j'en pus juger par le récit de Francis Pocock, un refroidissement subit produisant une congestion. Pocock appelle cela des « attaques de froid ». J'ai vu plusieurs personnes mourir de ces frissons, qui sont les premiers symptômes d'une violente fièvre intermittente.

Ces attaques tuent quelquefois le patient avant que la fièvre qu'elles annoncent se soit complétement déclarée. Les lèvres deviennent bleues, la face semblable à celle d'un homme gelé vif, le sang se coagule, le pouls s'arrête, et la mort s'ensuit. Cependant il existe divers moyens de rétablir la circulation et de révivifier le malade. J'en sais un excellent, qui consiste à le plonger dans un bain de vapeur ou d'eau très-chaude à laquelle on ajoute force farine de moutarde, et à lui faire prendre des excitants réconfortants : eau-de-vie, thé très-chaud ; mais Pocock n'avait pas l'expérience nécessaire, et pourtant il donna à Barker un peu d'eau-de-vie à boire quand ce dernier se mit au lit après avoir éprouvé des nausées et des frissons. D'après le récit de son camarade, il mourut au bout d'une heure. Frédéric Barker avait déjà souffert de l'une de ces cruelles attaques de fièvre en Ouriri, mais alors l'eau-de-vie et le thé très-chaud l'avaient bientôt rendu à un état de santé qui promettait la guérison.

Ainsi, sur quatre hommes blancs que comprenait l'expédition au départ, — en me comptant, — deux sont morts déjà ! Je me demande, et peut-être nos nombreux amis se demanderont aussi avec tristesse et sympathie : « Au tour de qui, maintenant ? » Peu importe, après tout, lequel ce sera. Nous ne pourrions pas améliorer notre situation en essayant de

fuir cette terre fatale, car entre nous et la mer
s'étendent sept cents milles des pays les plus
malsains qui existent en Afrique. La perspective est meilleure en avant, bien qu'il y ait dans
cette direction trois mille milles de plus à parcourir. Nous avons là devant nous de nouveaux
sentiers traversant des contrées inconnues, dont
les merveilles et les mystères seront les remèdes
qui nous feront narguer la fièvre et la mort...

LETTRE VII

Kagehyi, sur le Victoria Niyanza, 4 mars 1875.

A M. Henry Pocock père.

Cher monsieur, une tâche bien désagréable à cause de sa tristesse m'échoit, car j'ai la douleur d'avoir à vous informer du décès de votre fils Édouard, mort d'une fièvre typhoïde. Son service avec moi aura été bref, mais assez long pourtant pour me permettre d'apprécier la grande perte que vous faites, car je crois que peu de pères peuvent s'enorgueillir de meilleurs fils que les vôtres. Frank et Teddy (1) ont prouvé tous deux qu'ils étaient des hommes *sterling*, de nobles et braves cœurs, des serviteurs fidèles. Teddy s'était rendu cher à tous les membres de l'expédition par sa nature aimable, sa gaieté, et diverses autres qualités qui l'avaient fait devenir rapidement le favori de tous les soldats de notre caravane.

Avant l'aube nous étions habitués à entendre

(1) Abréviation d'Édouard.

les notes joyeuses de son bugle, qui nous éveillaient pour une nouvelle journée de travaux ; le soir, autour des feux du camp, il nous charmait par les chants dont il possédait un répertoire inépuisable. Quand nous étions las de la marche, c'était sa tâche d'annoncer aux gens fatigués l'arrivée de l'avant-garde au camp, si bien qu'il était devenu pour nous tous un vrai trésor ; et je dois dire que je n'ai jamais connu d'hommes pouvant supporter ce que vos deux fils ont enduré si patiemment et sans se plaindre dans cette expédition. Je n'ai jamais entendu Frank ou Teddy se plaindre ; jamais ils n'ont exprimé une remarque égoïste ou le souhait que l'expédition n'eût jamais mis le pied en Afrique, comme l'auraient fait beaucoup d'autres dans leur situation ; aussi vous pouvez bien croire que si la perte de l'un de vos fils afflige votre cœur paternel, elle ne nous cause pas à nous moins de peine, étant tous pour ainsi dire d'une même famille, entourés comme nous le sommes de tant de choses obscures et redoutables.

En arrivant à Souna, en Ourouri, après une très-longue marche, Teddy vint à moi se plaignant de douleurs dans les membres et les reins. Je ne pensais point que ce fût sérieux, ni bien étonnant après vingt milles faits à pied, et je lui dis de se coucher, que c'était probablement la fatigue, et qu'il se sentirait mieux le lendemain. Le matin suivant j'allai le voir, et il se plaignit encore de douleurs dans les genoux et dans le dos; j'attribuai cela à des rhumatismes et le traitai en conséquence. Le troisième jour il se plaignit de douleurs dans la poitrine, de difficulté de respirer, d'insomnie ; par là je m'aperçus qu'il souffrait d'une autre maladie que le rhumatisme. Mais de laquelle?... je ne pouvais le deviner.

Il avait un peu de fièvre; je lui donnai un emplâtre de moutarde et un peu de médecine apéritive. Vers la nuit il commença à délirer, et en examinant sa langue je la trouvai presque noire et recouverte d'un sédiment gris foncé. De ces symptômes je conclus qu'il avait une violente attaque de fièvre intermittente semblable à celle dont j'ai souffert à Oudjidji en 1871, et en conséquence j'attendis le moment où je pourrais lui administrer de la quinine, c'est-à-dire où la fièvre se calmerait un peu. Mais le quatrième jour, le malade délirant encore, je conseillai à Frank de l'éponger avec de l'eau froide et de le changer de linge. Pendant cette opération, je remarquai que sa poitrine était couverte de vésicules semblables à des pustules de petite vérole, ce qui m'embarrassa beaucoup. Il était impossible qu'il eût attrapé la variole, et je ne pouvais comprendre quelle maladie il pouvait avoir; mais en consultant un livre de médecine, je vis que c'était la fièvre typhoïde, la description qui en était donnée étant trop claire pour qu'on s'y trompât plus longtemps. Alors, Frank et moi, nous nous consacrâmes tous deux à le soigner. Il fut nourri d'arrow-root et d'eau-de-vie ; tout ce qu'il était en notre pouvoir de faire fut fait ; mais il était clair que le cas était sérieux. Néanmoins j'espérais que sa constitution pourrait en triompher.

Le cinquième jour nous fûmes forcés de continuer notre voyage. Teddy fut placé dans un hamac et porté sur les épaules de quatre hommes. A 10 heures, le 17 janvier, nous fîmes halte à Tchiouyou, et dès qu'il fut couché dans le camp il rendit le dernier soupir. Notre brave compagnon était mort ! Nous l'enterrâmes la nuit suivante au pied d'un arbre sur le tronc duquel son frère Frank découpa profondément une croix. Frank lut le magnifique service de l'Église d'Angleterre quand nous déposâmes le pauvre corps épuisé dans sa dernière demeure. Que ses cendres reposent en paix ! Le pauvre Teddy méritait un meilleur sort que de mourir en Afrique, mais il était impossible qu'il mourût plus doucement. Je souhaite que ma fin soit aussi paisible, aussi peu douloureuse que la sienne. Il fut sauvé des scènes orageuses que nous traversâmes peu après pendant notre guerre contre les Ouatourou ; et qui sait de combien d'autres il a encore été sauvé ! Mais je suis sûr qu'il se serait réjoui d'être avec nous à l'heure qu'il est, partageant notre triomphe et contemplant les eaux riantes de la vaste source du vieux Nil. Personne ne se serait plus enorgueilli que lui du spectacle que nous avons sous les yeux, car c'était un vrai marin et il aimait la vue de l'eau.

Je dis encore une fois : « Que ses cendres reposent en paix ! » Consolez-vous, car Frank vit encore, et selon toutes les apparences présentes il rejoindra votre foyer, le sien, avec assez d'honneur et de gloire pour que vous puissiez en être fiers tous deux.

Croyez, cher monsieur, à mes souhaits les plus sincères.

HENRY M. STANLEY.

LETTRE VIII

A Madame Barker mère.

Village de Kagehyi, district d'Ouchambi, Ousoukouma, Afrique centrale, 15 mai 1875.

Chère madame Barker, il m'est pénible d'a-
voir à vous écrire sur un sujet aussi triste que
celui dont cette lettre doit vous informer. J'aurais voulu que quelque autre personne eût entrepris cette tâche, ou que Francis Pocock, le
compagnon de votre fils, eût accompli, avant
son départ d'ici, ce que je lui avais expressément
ordonné de faire. Si je ne voulais vous épargner
une secousse trop soudaine, j'attendrais pour vous
écrire que Pocock m'ait rédigé son rapport sur
les derniers moments de votre pauvre enfant, car
je dois vous apprendre que votre fils, Frédéric
Barker, est allé prendre son repos éternel.

J'étais parti pour une exploration du lac Victoria, laissant Francis Pocock et Frédéric Barker
chargés de veiller sur mon camp. J'en fus absent
cinquante-huit jours. Quand j'y revins, espé-
rant apprendre que tout s'était bien passé, une
nouvelle bien pénible m'y attendait et m'affecta

douloureusement : votre fils était mort douze jours auparavant d'une fièvre intermittente. Le peu que j'ai pu apprendre concernant son décès se résume ainsi : Le 22 avril, il alla au bord du lac avec Pocock chasser l'hippopotame, et tout ce jour-là il s'amusa beaucoup. Le matin du 23 il fit encore une petite promenade, prit son thé avec quelques gâteaux, se lava, et alors, tout à coup, dit qu'il se sentait malade et se coucha. Il demanda qu'on lui mît aux pieds une pierre chaude, on lui donna de l'eau-de-vie, des couvertures furent entassées sur lui, mais il sentait un tel froid aux extrémités que rien ne réussit à rétablir la chaleur dans son corps. Son sang semblait s'être congelé. A 8 heures du matin, une heure après s'être couché, il était mort.

Voilà ce que j'ai pu apprendre de Pocock sur les circonstances de son décès, mais par notre prochain courrier ce camarade de votre fils vous enverra un récit détaillé. Ses habits et ses effets seront vendus aux enchères dans notre camp, et ce qu'ils pourront produire, ainsi que l'argent qui lui est dû pour gages, vous sera adressé. Je garderai ses papiers, ses photographies et son Nouveau-Testament, jusqu'à ce que j'aie une occasion pour vous les envoyer.

Chère madame Barker, vous pouvez me croire sur parole, en perdant Frédéric Barker j'ai perdu quelqu'un ayant pour moi autant de valeur qu'il vous était cher. C'était un serviteur si

adroit, si vif, si intelligent, que s'il avait vécu
pour rejoindre ses foyers, et si j'avais vécu, moi,
pour le voir y retourner, son avenir n'aurait
plus jamais été pour lui source d'anxiété. En vérité il n'est pas douteux qu'en peu de temps il se
serait élevé haut dans l'estime des gens respec-
tables, et serait devenu un membre très-utile
de la société. La douceur, l'honnêteté et la politesse étaient surtout les qualités qui le caracté-
risaient. J'avais en lui une telle confiance que
je lui avais confié la garde de tous nos approvisionnements, et pendant mon absence sur le
Niyanza je l'avais chargé de commander la moitié de mes soldats.

Depuis la côte jusqu'à ce lac — une distance
de sept cent vingt milles, — il avait fait une bonne
partie de la route à pied comme un héros, se traînant péniblement d'étape en étape. Quand il fut
malade, il montait, bien entendu, l'un de nos ani-
maux. Tout ce que je lui disais se gravait dans sa
mémoire, si bien que je n'avais jamais besoin
de lui répéter un ordre ou à me plaindre d'une
négligence. Tout ce que je le chargeais de faire
devenait pour lui une loi ; tout ce que je lui sug-
gérais était immédiatement exécuté, comme si
je le lui eusse commandé. C'était un jeune
homme comme on en rencontre peu, brave, ardent, et d'un tempérament tout à fait britannique. Il est d'autant plus pénible que vous ayez
perdu un fils si plein d'espérances, moi un ser-

viteur aussi fidèle, et son pays une personne qui promettait autant. Je sympathise profondément avec vous, et non-seulement moi, mais nous tous dans le camp, car nous avons perdu en lui quelqu'un dont personne ne peut tenir la place.

Que l'assistance de Dieu soit avec vous dans cette détresse, et croyez-moi votre tout dévoué

HENRY M. STANLEY.

LETTRE IX

Ile de Mahyiga, à trois milles de celle de Bambireh,
lac Victoria Nyanza, 29 juillet 1875.

L'expédition que vous m'avez chargé de diriger semble destinée à traverser plus d'épreuves
que de raison. Quand j'étais enfant j'aimais
lire les livres d'aventures et de voyage, spécialement ceux de Mayne Reid et de ses imitateurs,
et suivre, haletant d'intérêt, les héros à travers
leurs fortunes diverses; mais depuis j'ai été
forcé de jouer moi-même le rôle de héros, cela
plus souvent qu'à mon tour, et dans des conditions où il était difficile d'obtenir en même
temps la tranquillité d'esprit et une nuit de repos
confortable, quelque glorieuse que la chose
puisse paraître sur le papier, vous pouvez me
croire sur parole quand je vous dis que je pré-
férerais de beaucoup lire le récit de l'affaire
qu'y prendre une part effective. Quand je com-
pare ma première marche sur Oudjidji avec ce
voyage-ci, je suis forcé d'admettre que le pre-

6.

mier ne fut qu'un simple jeu d'enfant. Les incidents que nous avons traversés déjà dans celui-ci, fidèlement racontés, rempliraient un volume de belle taille, et cependant notre entreprise ne fait encore que de commencer.

Continuant le récit de notre voyage d'Ouganda à Ousoukouma par la côte ouest du lac Niyanza, je le reprends au point où je l'ai interrompu dans ma dernière lettre.

Nous avions avec nous deux canots appartenant à Mtesa, qui accompagnaient notre bateau comme escorte jusqu'à ce que le grand amiral Magassa se décidât à nous rejoindre avec une flotte de trente autres, et le jour où nous quittâmes la rivière Kagera nous passâmes la nuit sur une grève de sable fin au pied du plateau d'Ousougoro, à un endroit nommé Kagya. Les naturels étaient amicaux, disposés à l'hospitalité, et nous en augurâmes bien pour la continuation de notre voyage. L'après-midi suivant nous campâmes à Makougo, où nous reçûmes un bon accueil apparent des naturels, tous absorbés, au moment où nous débarquions, dans la grave occupation d'absorber leur *pombé*, ou bière, à l'aide de calumets de paille, absolument comme les Américains prenant un *sherry-cobbler* ou un julep à la menthe. Le chef titubait légèrement quand il s'avança pour me saluer, ses yeux avaient un regard vague, incertain, qui semblait indiquer qu'il apercevait deux hommes blancs là où il n'y en avait qu'un. Néanmoins, lui et son peuple, répétons-le, nous accueillirent bien, et parurent contents de notre arrivée.

Vers 10 heures du soir nous fûmes réveillés par un furieux roulement de tambours, accompagné de temps en temps de hurlements aigus. Les Ouaganda nous dirent que c'était en l'honneur de l'étranger blanc. Je ne les crus point, et en conséquence je mis mes gens sur leurs gardes, leur ordonnant de charger leurs fusils et de les placer sous les paillassons qui leur servaient de matelas. De mon côté, je préparai tous les miens et les plaçai à ma portée. A l'exception du vacarme, qui ne cessa point, rien, cependant, ne se produisit pendant la nuit, mais à l'aube nous nous trouvâmes en présence d'environ cinq cents guerriers, munis d'arcs, de boucliers et de lances, qui avaient rampé en silence jusques autour du camp, puis s'étaient dressés debout et formaient un demi-cercle qui empêchait toute évasion excepté par eau.

Je fus si étonné de cette apparition soudaine d'une troupe aussi nombreuse d'hommes armés, que je pouvais à peine croire que nous étions encore sur le territoire de Mtesa. Il y avait quelque chose de très-curieux dans la conduite de ces hommes; ils ne poussaient point de cris, ne hurlaient pas, et n'avaient point cette allure frénétique dont nous avions plusieurs fois été témoins et qui est habituelle aux sauvages sur le point de se livrer à quelque acte désespéré. Ils conservaient tous une attitude calme, bien que sévère et déterminée. Ce fut pour nous un terrible moment. Nous ne savions que faire vis-à-vis de ces centaines de sauvages qui persistaient dans leur silence et ne nous laissaient rien deviner de leurs intentions, à moins cependant que la forêt de lances qui nous entourait ne pût être prise pour un symptôme clair et explicite que l'objet qu'ils avaient en vue était de répandre notre sang. Nous craignions de faire un mouvement de peur qu'il ne précipitât une catastrophe que l'on pouvait peut-être encore éviter; nous restâmes donc quelques minutes immobiles, nous observant les uns les autres.

Le silence fut bientôt rompu, cependant, par l'apparition du chef qui nous avait bien accueillis la veille au soir. Il n'était plus ivre et tenait à la main un long bâton qu'il agita à la face des sauvages, décrivant un moulinet rapide qui les força de reculer à quelques pas. Alors il s'avança vers nous, et frappant le bateau de son bâton, nous ordonna de partir; puis, mettant lui-même la main à l'œuvre, il poussa l'embarcation dans le lac. Au moment où elle glissait ainsi sur l'eau, un autre chef s'avança et nous demanda pourquoi nous avions tiré notre bateau si loin sur la grève. Nous répondîmes que c'était pour le soustraire au ressac, et nous étions sur le point d'invoquer d'autres raisons encore, quand le chef qui avait parlé le premier coupa court à l'entretien en nous ordonnant de partir à l'instant et d'aller camper sur l'île de Musira, distante de quatre milles, où il irait nous porter des vivres.

Nous n'hésitâmes nullement à suivre un si bon conseil, et bientôt nous eûmes mis 100 mètres entre nous et ce rivage hostile. Comme les Ouaganda n'étaient pas encore hors de danger, nous préparâmes nos fusils pour balayer la grève, s'il y avait lieu. La foule d'hommes armés réunie au bord de l'eau était si nombreuse et si dense, que nous aurions pu prendre une revanche terrible, si nous eussions été vindicatifs ou si la nécessité d'appuyer les Ouaganda nous avait forcés de tirer. Heureusement nos amis, après de bruyantes remontrances et une longue altercation, s'embarquèrent sains et saufs et nous rejoignirent dans l'île de Musira. Le chef vint nous y apporter trois régimes de bananes qu'il nous laissa, et partit, nous abandonnant à notre sort.

Dans l'après-midi nous aperçûmes notre grand amiral Magassa, avec une nombreuse flotte de canots, pagayant paresseusement vers une île voisine, où il campa pour la nuit. Désireux d'accélérer ses mouvements, je partis de Musira pour l'île Alice, éloignée de 35 milles. Les deux chefs des canots qui nous escortaient nous accompagnèrent pendant un mille ou deux, et alors, alarmés par l'aspect du temps, ils regagnèrent le rivage, nous criant que dès que le vent se modérerait ils nous rejoindraient. Il était près de minuit quand nous arrivâmes à l'île Alice, et en gouvernant vers une lumière qu'on apercevait, nous trouvâmes heureusement une crique confortable et bien abritée. La lumière qui nous avait guidés était celle d'un feu allumé par quelques pêcheurs de Bambireh en train de saler du poisson. Mes hommes étaient si affamés qu'ils proposèrent de s'emparer de cet aliment, à la grande alarme et frayeur de ses propriétaires. Je les retins, et apaisai les craintes des pêcheurs en leur payant le double de sa valeur une quantité de poisson suffisante pour nourrir l'équipage du bateau pendant un jour.

Quand l'aube parut, nous nous trouvâmes au pied d'une énorme falaise en saillie, et nous vîmes que nous nous étions abrités près d'une espèce de grotte noircie par la fumée des feux que les pêcheurs y allument, et formée de rochers qui surplombent. Les naturels de cette île vinrent nous visiter, tenant à la main des touffes d'herbe verte en signe de paix et de bon vouloir. Mais bien qu'ils fussent assez amicaux, ils étaient si exagérés dans leurs demandes que nous ne gagnâmes rien à leur amitié et fûmes forcés de partir à midi avec la perspective de jeûner, à moins que Bambireh, île vaste et populeuse située à environ vingt-cinq milles au sud-ouest, ne nous fournit de quoi ne pas mourir de faim.

Au milieu de la pluie, du tonnerre, des éclairs et d'un violent ressac qui se manifestait de tous côtés, nous jetâmes l'ancre à l'abri du vent sur le rivage de l'île Barker, vers 11 heures et demie du soir. Il plut et tonna toute la nuit, nous eûmes beaucoup de peine à tenir notre bateau à flot.

A l'aurore nous nous hâtâmes de quitter notre dangereux ancrage avant qu'une forte brise du nord-est qui se levait nous en empêchât, et trois heures après nous abordions dans une confortable petite crique près du village de Kajouri, à l'extrémité sud-ouest de l'île de Bambireh. En contemplant l'abondance que promettaient des collines verdoyantes, aux pentes garnies de bosquets de plantains et sur lesquelles paissaient des troupeaux de bétail gras, nous nous attendions à trouver là des vivres en quantité, des bananes mûres, une chèvre grasse, du lait à profusion, et autres choses dont la pensée nous faisait venir l'eau à la bouche, hommes affamés que nous étions. Mais nous fûmes désappointés en entendant la foule nombreuse qui se pressait sur le plateau dominant le village pousser des cris de guerre. Cependant nous nous rapprochâmes du rivage ; la faim nous rendait confiants, et nous pensions qu'un riche tribut pacifierait les chefs les plus belliqueux. S'apercevant que nous persistions à nous approcher de leur grève, les naturels se précipitèrent le long du talus et descendirent du plateau vers nous. La prudence me suggéra de préparer au moins nos fusils, ce que je fis, et nous ramâmes lentement vers le rivage, certains que si les hostilités commençaient, quelques signes s'en manifesteraient assez à temps pour nous permettre de nous retirer.

Nous nous arrêtâmes à 20 mètres environ de la grève, et je remarquai que l'allure provocante des naturels se changeait, à mesure qu'ils approchaient, en affabilité. Nous échangeâmes les salutations amicales d'usage, et l'on nous invita à venir à terre sur un ton qui dissipa toutes nos inquiétudes et nos soupçons. Néanmoins, la quille du bateau n'eut pas plutôt touché la terre ferme, que les naturels se précipitèrent sur nous en masse, saisirent l'embarcation, et la traînèrent tout à fait à sec sur le sable avec tout le monde à bord. Le lecteur peut imaginer le nombre de naturels nécessaire pour accomplir un tel acte, si je lui dis que le bateau, les matelots et les bagages pesaient près de quatre mille livres! Deux fois je levai mes revolvers pour tuer ou être tué, mais l'équipage me retint, disant que combattre était prématuré, que ce peuple était ami, et que tout se passerait bien. En conséquence, je m'assis sur les voiles de poupe, et attendis patiemment l'instant décisif.

Le nombre des sauvages s'accroissait rapidement, le tumulte augmentait. Nous supportâmes
sans nous plaindré, sans dire un mot, le langage colère et l'allure violente des naturels.
Ils tenaient à la main des lances et les brandissaient, des flèches furent pointées sur chacun
de nous, avec accompagnement de regards furieux et d'yeux presque sortis de leurs orbites.
Ces gens d'apparence paisible tout à l'heure
semblaient maintenant possédés des démons.
Dans toutes les scènes de la vie civilisée ou
sauvage dont j'ai été témoin, je n'ai jamais vu
rage insensée ou furie cruelle si franchement
peintes sur des visages humains. Cela arrivait
même aux limites de l'absurdité. Ils frappaient
le sol et le bateau, écumaient de la bouche,
grinçaient des dents, fouettaient l'air de leurs
lances, mais ne versaient pas de sang. Leur
chef Shekka les empêchait de le faire, réservant,
je le présume, ce plaisir pour un moment plus
opportun, quand le besoin d'une émotion nouvelle se ferait sentir. Pendant ce temps-là nos
interprètes ne restaient pas inactifs, ils dé-
ployaient tous les dons de persuasion dont la
nature les avait doués ou que la frayeur créait
chez eux, sans néanmoins faire preuve d'aucune
servilité ou lâcheté. En vérité je fus frappé d'admiration par la façon courageuse dont ils ex-
posèrent nos raisons et le but que nous pour-
suivions en voyageant sur le Niyanza, et par le

calme de leur attitude. Les naturels eux-mêmes remarquèrent cela et le commentèrent avec surprise. La tranquillité de l'équipage et des interprètes agit comme calmant sur la turbulence et la violence bavarde des sauvages, bien qu'elles éclatassent encore de temps en temps en bredouillements indistincts à force d'être rapides, ponctués des gestes les plus désordonnés et des démonstrations les plus meurtrières.

Pendant trois heures je restai assis sur les voiles de poupe du bateau, observant tous ces préliminaires d'une tragédie qui, je m'en sentais sûr, était sur le point d'éclater, ne rompant le silence que pour suggérer quelque chose aux interprètes; on m'aurait pris pour un spectateur désintéressé. Mais il n'en était pas ainsi; je voulais seulement imposer aux sauvages, et je combinais activement un plan de résistance et d'évasion. Comme nous étions en leur pouvoir, il nous restait seulement à être calmes jusqu'à ce qu'ils procédassent à des actes de violence, et en attendant, à nous efforcer d'acheter la paix, ou au moins de retarder la lutte. Conformément à ce plan, je dis aux interprètes d'offrir des étoffes et des verroteries au chef Shekka, qui paraissait exercer sur tous les sauvages une autorité despotique, à en juger par l'obéissance immédiate et respectueuse que chacun lui témoignait. Shekka demanda quatre longueurs d'étoffe et dix colliers de grosses perles de verre pour nous permettre de partir en paix. Cela lui fut payé. Les ayant mis en sûreté, il ordonna immédiatement à ses gens de s'emparer de nos rames, ce qui fut fait avant que nous pussions comprendre de quoi il s'agissait.

C'était la seconde fois que Shekka agissait de ruse et traîtreusement avec nous ; et une bruyante acclamation poussée par ses gens lui montra qu'ils savaient apprécier ses traits d'esprit.

Après avoir saisi nos rames, Shekka et ses compagnons s'en retournèrent lentement à leur village pour le repas de midi et pour y discuter quelles autres mesures seraient adoptées envers les étrangers. Une femme vint près de nous et nous dit de « manger du miel avec Shekka », que c'était le seul moyen de sauver notre existence, car lui et son peuple avaient résolu de nous tuer et de s'emparer de tout ce qui nous appartenait. Le maître d'équipage du bateau fut envoyé proposer des termes ou conditions de fraternité au roi, mais on lui dit de ne point s'inquiéter, qu'on ne nous voulait aucun mal, et Shekka promit que le lendemain lui et son peuple « mangeraient du miel » et concluraient fraternité solide et durable avec nous. Quand notre messager revint, ses regards étaient triomphants, et bientôt il communiqua sa propre confiance à l'équipage. Mais je réprimai cette tendance irréfléchie à se fier à des gens aussi rusés, aussi traîtres, et je recommandai de ne placer de confiance que dans notre propre ingéniosité, et surtout de ne quitter le voisinage du bateau sous aucun prétexte, car le prochain acte de Shekka serait alors de s'emparer des fusils de la même manière qu'il avait saisi les rames. L'équipage comprit immédiatement la vérité de ce que je disais, et je n'eus aucune raison de me plaindre qu'on ne tînt pas compte de mes paroles.

A 3 heures après midi, les naturels commencèrent à s'assembler au sommet d'une colline peu élevée située à environ 100 mètres du bateau; et l'on entendit les tambours battre le roulement de guerre. Au bout d'environ une demi-heure, cinq cents guerriers environ se trouvèrent groupés autour de Shekka, qui les haranguait. Quand il eut fini de parler, une cinquantaine accoururent vers nous, s'emparèrent de notre tambour, et nous prévinrent amicalement de préparer nos fusils pour la lutte, car on allait tout à l'heure nous couper la gorge. Aussitôt que je vis ces voleurs de notre tambour arrivés en présence de Shekka, je dis à nos hommes de pousser le bateau à l'eau. Par un effort désespéré, mon faible équipage le souleva et le lança dans le lac; l'impulsion qu'ils lui donnèrent fut si forte qu'elle les entraîna tous dans l'eau profonde. Voyant cela, les sauvages poussèrent un hurlement furieux qui exprimait leur désappointemnet et leur rage, e-accoururent comme un tourbillon vers leurs cat nots. Je déchargeai au milieu d'eux les balles coniques de ma carabine à éléphants; puis, aidant un homme de l'équipage à monter dans le bateau, je lui dis de rendre le même service à ses camarades pendant que je continuerais de combattre. L'effet de la décharge de mon fusil chargé de chevrotines, dont je fis feu ensuite, fut sans doute terrible, car sans tirer un seul arc ni lancer une seule zagaie, ils s'enfuirent vers la pente de la colline, nous laissant nous ingénier pour arriver à sortir de la crique avant que l'ennemi s'avisât de mettre à l'eau ses canots.

Mon équipage était composé d'hommes choisis, et en cette terrible circonstance ils justifièrent amplement le choix que j'avais fait d'eux. Bien que nous n'eussions pas de rames, ils ne furent point embarrassés pour les remplacer. Aussitôt qu'ils se trouvèrent dans le bateau, ils arrachèrent les siéges, les marchepieds, et commencèrent à pagayer, pendant que, la carabine à la main, je choisissais dans la foule les ennemis les plus en vue et les plus audacieux. Deux fois de suite je réussis à abattre des hommes qui se préparaient à lancer des canots, et, apercevant le chef subalterne qui avait commandé la bande chargée de nous prendre le tambour, je le visai sans hésitation avec ma carabine à éléphants. La balle, m'a-t-on dit depuis, tua ce chef ainsi que deux autres qui se trouvaient à quelques pas derrière lui; et ce résultat extraordinaire eut

plus d'effet, je crois, sur les esprits superstitieux
des naturels, que tous les coups de fusil précédents ou qui suivirent.

En sortant de la crique, nous vîmes déboucher
d'un petit passage deux canots chargés d'hommes qui se mirent à notre poursuite. Je les laissai
approcher à 100 mètres de nous, et cette fois
j'employai la carabine à éléphants avec balles
explosibles. Quatre décharges tuèrent cinq hommes et coulèrent les canots. Cette affaire décisive
découragea l'ennemi, qui nous laissa poursuivre
notre route sans nous tracasser davantage. Cependant nous entendîmes une voix retentissante
nous crier : « Allez, et mourez dans le Niyanza ! »
Quand les sauvages comptèrent leurs pertes, ils
trouvèrent quatorze tués et blessés par les balles
et les chevrotines. Bien que je trouve que c'est
payer cher huit rames et un tambour, c'était, en
somme, un châtiment mérité, car ils avaient tout
préparé pour notre massacre.

Favorisés par une légère brise de terre, nous
déployâmes notre voile, et à la nuit tombante
nous nous trouvions à huit milles sud-ouest de
Bambireh. Toute la nuit, par mon ordre, les
hommes pagayèrent ; nous ne fîmes cependant
que peu de chemin. Au lever du soleil nous
étions à environ 20 milles sud-ouest de Bambireh ; à midi, à 25 milles. A ce moment
il s'éleva un fort vent du nord-ouest qui nous
poussa devant lui avec une vitesse de cinq nœuds

à l'heure. Cela dura la matinée et l'après-midi ; nous espérions que si la brise continuait à nous être favorable, il serait possible de gagner un havre avant minuit ; mais vers huit heures une tempête furieuse s'éleva, et, eu égard à la perte de nos rames, nous ne pûmes maintenir l'embarcation devant le vent. Comme celui-ci nous chassait loin de l'île, nous fîmes des efforts frénétiques pour passer du côté opposé, qui nous aurait abrités ; mais ce fut inutile. Nous nous abandonnâmes donc aux vagues, à la pluie furieuse, à toute l'horreur de la tempête. Beaucoup de nos lecteurs, sans doute, ont expérimenté un orage en mer ; peu néanmoins y ont assisté dans un petit bateau. Mais notre situation était plus dangereuse encore que cette dernière. Nous avions dans notre voisinage des rochers et des îles inconnues ; et à quelques milles plus loin une terre ferme peuplée de sauvages qui ne se seraient fait aucun scrupule de nous mettre à mort ou de nous réduire en esclavage. Si notre bateau sombrait, les crocodiles du lac auraient bientôt fait de nous leur pâture ; si nous étions jetés sur une île déserte, la mort par inanition nous y attendait. Et cependant, en dépit de ces terreurs, nous étions si épuisés par la faim, la fatigue et l'anxiété, qu'à l'exception de l'homme de quart nous nous endormîmes tous, bien que réveillés de temps en temps par sa voix appelant l'équipage pour vider le bateau.

A la pointe du jour seulement la tempête et les vagues s'apaisèrent. Nous n'avions pas un atome de nourriture dans le bateau ; je ne possédais qu'un peu de café moulu, nous ne goûtâmes point autre chose pendant quarante-huit heures ; et cependant l'équipage, quand il s'agit de reprendre ses grossières pagaies, obéit gaiement à ma voix et fit courageusement son devoir. Une brise légère qui s'éleva de l'ouest nous entraîna rapidement à l'est de Soma et nous conduisit vers deux heures après midi près d'une île que j'ai nommée l'île du Refuge. En l'explorant, nous reconnûmes qu'elle était d'une circonférence de deux milles environ, et avait dû être jadis habitée et cultivée. A notre grande joie, nous y trouvâmes en abondance des bananes vertes et un petit fruit mûr ressemblant aux cerises pour l'aspect et la grosseur, mais ayant le goût des dattes. Par surcroît de bonne fortune, je réussis à tuer deux paires de grands canards gras, et quand l'obscurité descendit sur notre camp bien abrité près d'une grève sablonneuse, peu de gens bénirent Dieu cette nuit-là avec plus de ferveur que nous.

Nous nous reposâmes un jour entier sur l'île du Refuge, puis l'idée nous vint que nous étions assez près d'Ousoukouma pour nous aventurer à visiter l'île d'Ito, dont les pentes verdoient, couvertes qu'elles sont de plantains ; mais en essayant de débarquer nous rencontrâmes une troupe de naturels qui nous repoussa rudement à coups de pierres lancées à l'aide de frondes. Nos cartouches étant toutes gâtées par la pluie que nous avions reçue sur le lac, nous ne pûmes que déployer la voile et partir à la recherche de rivages plus hospitaliers.

Deux jours après, une forte brise nous conduisit dans une petite baie de la péninsule d'Ouiro, où nous achetâmes de la viande, des patates, du lait, du miel, des bananes vertes et des bananes mûres, des œufs, de la volaille, etc., et où, sans lever l'ancre, nous cuisinâmes ces friandises à bord avec un plaisir et un appétit que des gens affamés peuvent seuls imaginer. Nous étions reconnaissants envers la Providence, et affectueusement disposés 'envers tous les hommes.

A minuit, profitant d'une brise favorable, nous mîmes à la voile pour Ousoukouma. Vers 3 heures du matin nous nous trouvions au milieu du golfe quand le vent inconstant changea, et, comme s'il eût voulu nous faire sentir jusqu'au bout tout son pouvoir, il nous bombarda d'une averse de grêlons aussi gros que des avelines. Le ciel était noir comme de l'encre, pas une étoile n'était visible, des éclairs éblouissants, accompagnés de coups de tonnerre, nous aveuglaient, et les vagues nous secouaient comme si nous avions été emprisonnés dans une gourde. Telles furent les terreurs de cette nuit effrayante. Nous laissâmes le bateau aller où il voulut, tous les efforts pour diriger sa marche étant inutiles et vains. En vérité, nous commencions à penser que la malédiction des naturels de Bambireh : « Allez, et mourez dans le Niyanza ! » allait s'accomplir.

Enfin le jour parut, gris, froid, humide et triste ; nous étions à vingt milles seulement de Kagehyi, de notre camp ! Nous déployâmes les voiles, nous redoublâmes d'efforts, et bien que le vent, au début, ne nous fût guère favorable, il récompensa bientôt notre persévérance et nous arrivâmes en triomphe le long de la côte bien connue d'Ousoukouma, juste en face du camp. Des cris de bienvenue nous saluaient depuis qu'on nous avait aperçus à la distance de plusieurs milles, mais à mesure que nous approchions il s'y joignait des salves de mousqueterie, on agitait des drapeaux, et quand l'embarcation s'approcha de la grève, plus de cinquante hommes sautèrent à l'eau, m'arrachèrent du bateau et me rapportèrent sur leurs épaules en chantant et en dansant, au milieu des cris, des battements de mains, des hourras et des contorsions grotesques. Ayant ainsi exhalé leur joie, ils me posèrent à terre et, formant un cercle autour de moi, écoutèrent les nouvelles, qui leur furent contées avec moins de détail que je ne viens de le faire. Ainsi finit notre exploration du lac Victoria Niyanza.

LETTRE X

PUNITION DES NATURELS DE BAMBIREH; SES RÉSULTATS.

Port de Doumo, Ouganda sud-ouest, 15 août 1875.

L'expédition anglo-américaine est enfin arrivée dans Ouganda, mais il me reste à vous dire comment nous y sommes venus, et ce récit, je crois, ne le cédera en intérêt à aucun de ceux que je vous ai envoyés d'Afrique.

Ma dernière lettre se terminait par un résumé de la réception que nous firent, lors de notre retour au camp, les soldats et porteurs de la caravane. Quand j'eus raconté brièvement notre aventureuse exploration, je demandai à Francis Pocock un rapport détaillé sur ce qui s'était passé pendant ma longue absence.

La première chose mentionnée dans ce rapport était que, peu après notre départ, le bruit s'était répandu que le bateau avait été saisi de force par les naturels de Magou, sur quoi cinquante soldats avaient été envoyés là pour nous délivrer. Ce bruit, bien entendu, n'avait aucun fondement.

La seconde était un récit de notre combat contre les Ouavouma, récit considérablement exagéré et faux pour la plus grande partie, puisqu'il parlait de notre mort et d'une armée qui nous aurait battus.

La troisième était la découverte d'une conspiration pour attaquer notre camp et s'emparer des approvisionnements de l'expédition. Les conspirateurs étaient Kipingiri, prince de Loutari, Kurrereh, prince de Kayensi, et le chef d'Igousa. Ce complot fut heureusement révélé au capitaine du camp par Kadouma, le prince sur le territoire duquel se trouve Kagehyi. Le capitaine prit immédiatement des mesures pour déjouer cette trahison, il distribua des munitions aux soldats et dépêcha des espions. Mais ces précautions se trouvèrent inutiles, car la conspiration avorta par la mort du chef d'Igousa et le départ de Kurrereh.

La quatrième était une réunion tenue par les soldats et porteurs de l'expédition, dans laquelle il avait été décidé que si le « Bana Mkouka » (Grand Maître) ne revenait pas dans les quinze jours ou au commencement de la nouvelle lune, ils abandonneraient le camp et marcheraient sur Ounyanyembé. J'arrivai précisément le dernier jour de l'ancienne lune, vingt-quatre heures avant le moment fixé pour le départ.

La cinquième était la mort de Frédéric Barker, ainsi que celle de six hommes vigoureux qui avaient succombé à la dyssenterie et aux fièvres. Le décès du jeune Barker m'attrista beaucoup, il avait assez d'intelligence pour apprécier les travaux d'exploration, et les aurait certes continués par goût personnel; je l'avais laissé en bonne santé et fort content en apparence; à mon retour je ne trouvai plus qu'un amas de pierres que son camarade Pocock me désigna comme son tombeau!...

Je fus frappé du contraste qui existait entre la couleur de ma peau et celle de mon serviteur européen Pocock. Ayant vécu surtout sous la tente, son teint était couleur de lait, tandis que le mien pouvait être comparé à celui d'un Peau-Rouge. Le soleil équatorial d'Afrique m'avait peint d'une nuance violente, mon nez s'était pelé quatre fois, mes yeux étaient aussi sanguinolents que ceux du taureau le plus féroce que jamais *matador* ait tué.

Doux est le repos du dimanche au travailleur las de sa tâche quotidienne; heureux est le matelot que la mer a longtemps secoué sur ses vagues lorsqu'enfin il entre dans le port; et bénis furent les jours de calme et de repos dont nous jouîmes après notre exploration agitée du Niyanza. Les orages brusques, la pluie continuelle, les nuages gris et sombres, les vagues désordonnées, la solitude des îles et le défaut d'hospitalité des naturels, tout cela nous semblait maintenant les phases d'un rêve : fantasmagorie vague de la mémoire, tant nous nous occupions peu du passé, tout entiers au plaisir de jouir de ce repos après tant de fatigues. Et ce qui ajoutait encore à cette jouissance était de pouvoir évoquer les incidents variés de notre long voyage sur le lac : tâche qui réjouissait et occupait notre esprit pendant que le corps se reposait, comme les condiments accélèrent la digestion.

C'était une satisfaction si vive de pouvoir nous retracer la carte de tant de contrées récemment découvertes, une si vaste étendue d'eau douce traversée pour la première fois ! Les baies pittoresques aux bords émaillés de nénuphars, de lotus, ou parsemés de touffes d'élégants papyrus ; les petites îles verdoyantes dans les havres desquelles notre bateau se balançait en sûreté pendant que la tempête faisait rage sur le Niyanza ; les rochers massifs accumulés l'un sur l'autre en énormes fragments, comme si une race de Titans les avait amoncelés pour en bâtir plus tard un édifice qui défierait le temps et les forces de la nature ; les plaines couvertes de moissons, les collines aux contours arrondis, les hautes forêts et les grèves : tout cela nous revenait en mémoire. Mais l'imagination s'attachait surtout à Ouganda, ce pays magnifique, à son roi intelligent et son peuple non moins remarquable. C'était là que nos esprits avaient reçu l'impression la plus vive, et ils en avaient gardé les plus chers souvenirs.

Nous aimions à nous représenter Ouganda transformé par la civilisation, chaque colline aux pentes douces couronnée par un heureux village avec son église, dont les cloches sonnaient le service évangélique, les talus couverts de jardins, les vallées de récoltes ondulant au vent, la terre souriant dans l'abondance et la fertilité, les baies peuplées de vaisseaux, les ouvriers au travail, le rugissement des manufactures et des fonderies, et ce bruit perpétuel d'une industrie active. Quoi d'étonnant, en somme, si nos relations avec le roi d'Ouganda et son peuple nous incitaient à crayonner ainsi le tableau possible, même probable, de l'avenir de ce pays, puisque nous avions conservé profondément gravé dans notre mémoire le souvenir des traits caractéristiques principaux de la contrée, de l'affabilité et de l'hospitalité de ses habitants ? Et nous abandonnant à ces fantaisies, nous nous rappelions aussi les scènes de terreur et les tracas que nous avions traversés, notre aventure avec une flottille de canots montés par des sauvages ivres qui s'obstinèrent à nous suivre et à nous régaler de leur bière et de leur hospitalité gênante ; la façon dont nous avions échappé à une embuscade des Ouageyeya, notre combat contre les Ouavouma et la bataille de Kajouri, l'avarice et la misérable cupidité de certains naturels, les

jours de jeûne, les nuits de tempête et les se
maines d'orage. Ces épreuves et une foule d'autres, maintenant heureusement traversées, n'exis-
tant plus que comme souvenir dans ma mémoire
et mon journal, augmentaient la douceur de
notre repos et développaient en mon cœur et
dans ceux de mes compagnons de péril à demi
barbares des sentiments de reconnaissance et
de gratitude pour la divine Providence qui nous
avait ainsi protégés.

Je jugeai non-seulement nécessaire, mais
politique, de rester inactif quelques jours, car
j'espérais que le grand amiral Magassa, si
lent dans ses mouvements, apparaîtrait enfin
avec ses canots. En dépit de mes aventures à
Bambireh, je ne pouvais en vérité m'imaginer
pourquoi il ne viendrait pas. Il avait visité
Ousoukouma quelques mois avant mon arrivée
dans le pays, accompagné de deux de mes
meilleurs compagnons, qui, pensais-je, feraient
tout leur possible pour l'engager à essayer de
rejoindre notre camp. Mais neuf jours s'étant
écoulés sans que Magassa eût paru, il devint
évident pour nous tous qu'il ne viendrait pas.
On commença donc des préparatifs pour marcher par voie de terre vers Ouganda le long
des rives du lac.

Nous étions presque prêts à partir, quand il
arriva au camp une ambassade de Ruoma, le
roi de l'Ouzinza méridional ou Miveri, nous

apportant un message de lui conçu en ces termes : « Ruoma envoie ses salutations à l'homme « blanc. Il n'a pas besoin des étoffes, des verro- « teries, ni du fil métallique de l'homme blanc, « et l'homme blanc ne devra pas traverser son « pays. Ruoma ne se soucie pas de le voir, lui « ni tout autre homme à longs cheveux rouges « tombant sur les épaules, à face pâle, à gros « yeux sanguinolents. Ruoma n'a pas peur de « lui, et si l'homme blanc vient près de son « pays, Ruoma le combattra. »

C'était là un véritable dilemme. Magassa s'étant montré indigne de la confiance que Mtesa avait placée en lui, le voyage à Ouganda par le lac ne pouvait être entrepris, et Ruoma nous interdisant son territoire, la route par terre devenait impossible. Nous connaissions assez ce dernier de réputation pour savoir qu'il était capable de repousser deux expéditions comme la nôtre. Il possédait cent cinquante fusils et plusieurs milliers de guerriers armés de lances et d'arcs. En outre, Mirambo, le célèbre chef de brigands, se trouvait seulement à trois journées de marche de notre camp. Se frayer un passage à travers le pays de Ruoma, il n'y fallait donc pas penser. Même si la chose eût été possible, ce n'eût pas été politique, car notre troupe aurait perdu là trop d'existences précieuses, faute desquelles l'expédition eût échoué.

Que fallait-il donc faire ? S'éloigner de l'Albert Niyanza et diriger notre course vers le Tanganika, laissant les officiers de Gordon explorer le premier de ces lacs ? Et qui, alors, explorerait les contrées situées entre l'Albert Niyanza et le Tanganika ? Si des canots pouvaient être obtenus ailleurs qu'à Ouganda, la route du lac résoudrait de suite le problème. Mais quel pays, si ce n'est Ouganda, quel roi, si ce n'est Mtesa, pourraient me fournir sur demande trente ou quarante grands canots ? Je m'enquis de la puissance maritime de chaque tribu et nation habitant le long du golfe, je recueillis les éléments d'une statistique curieuse ; mais le plus sérieux résultat de mon enquête fut qu'on m'informa que Loukongeh, roi d'Oukiriouie, serait la personne la plus disposée à me rendre ce service.

Étant tombé sérieusement malade à la suite de mes fatigues sur le lac, ma faiblesse ajoutait encore à mon anxiété. Je fus obligé d'envoyer Francis Pocock et le prince Kadouma au roi d'Oukiriouie avec un cadeau suffisant pour obtenir de lui qu'il me prêtât quarante canots pour mener l'expédition à Ouganda en longeant la côte d'Ouzinza. Après une absence de douze jours Frank et Kadouma revinrent avec cinquante canots et trois cents Ouakiriouie, mais cette force était envoyée, d'après les instructions du roi, pour conduire l'expédition à Oukiriouio. Je dis au frère du roi, qui commandait les canots, que quand Loukongeh me donnerait toutes ses terres, tous ses esclaves et tout son bétail, l'expédition n'irait jamais là, que Loukongeh devait me prêter des canots pour suivre ma route et non la sienne, que j'allais d'ailleurs aller voir Loukongeh moi-même, et que lui, le frère du roi, pouvait retourner à Oukiriouio quand bon lui semblerait. Ma santé s'étant un peu rétablie, je mis à la voile pour Oukiriouio, et le second jour après avoir quitté Kagehyi, je débarquai près de la capitale de Loukongeh. N'ignorant pas l'importance de la première impression, je m'étais muni cette fois de présents convenables, des plus beaux vêtements de ma garde-robe, ainsi que des armes les meilleures que l'expédition possédât.

Le second jour après notre arrivée fut fixé pour l'audience. Quand l'heure vint, les matelots de la *Lady Alice*, revêtus de leurs plus beaux habits, se rangèrent en ligne, et le cor sonna la marche. Dix minutes après nous arrivions dans une plaine où nous aperçûmes Loukongeh assis sur un monticule et entouré de centaines de soldats armés de lances et d'arcs. Le roi, un aimable jeune homme à peau de couleur assez claire, était en grande tenue et remarquable par sa robe de damas de soie rouge et jaune ; quoiqu'il se bornât à me regarder fixement d'un air de bonne humeur, je vis bien que c'était un homme disposé à m'être utile. Je l'avais prévenu auparavant par lettre de l'objet de ma visite, mais mon interprète demanda que l'on me permît de l'exposer en personne au roi et à quelques chefs choisis. Y ayant consenti, il s'avança vers un bâtiment de pierre situé à peu de distance, où il invita ses courtisans les plus intimes et ma troupe à entrer. Là l'objet de ma démarche lui fut expliqué en détail avec tout ce qui s'y rapportait : le nombre des canots demandés, la distance que nous avions à parcourir, et les présents que j'offrirais au roi s'il m'assistait. Loukongeh écouta attentivement, déprécia la valeur de ses canots, dit qu'ils étaient en mauvais état et tout pourris, incapables de faire un long voyage ; il craignait, dit-il, que s'il me les donnait je ne perdisse bien des choses, et alors je le blâmerais certainement et dirais : « Ah ! Loukongeh est méchant, il m'a donné « des canots pourris pour que je perdisse mes « hommes et ce qui m'appartient ! » Je répondis que si je perdais des hommes et des provisions je pourrais blâmer les canots, mais que je ne pourrais certainement pas le blâmer, lui. A la fin de la conférence il dit qu'il me donnerait autant de canots qu'il m'en faudrait, mais qu'en attendant, la troupe de l'homme blanc devait se reposer quelques jours et goûter l'hospitalité de Loukongeh.

Loukongeh, l'aimable roi d'Oukiriouie, ne

fut pas avare envers ses hôtes. Bœufs, chèvres, poulets, lait, œufs, bananes et plantains mûrs et verts, furent amenés en abondance à notre camp, et de grandes provisions de bière du pays ne manquèrent pas pour égayer l'équipage pendant notre séjour. Finalement, au bout de la seconde semaine, Loukongeh vint me trouver dans ma tente et me communiqua ses avis et instructions secrètes. Il me dit qu'il avait ordonné que cinquante canots partissent avec moi pour Ousoukouma, mais qu'il doutait beaucoup que ce nombre quittât son pays, parce que des gens de son peuple avaient entendu dire que je voulais aller de là à Ouganda, contrée qu'ils ne se souciaient pas de visiter. Comme il désirait m'assister de tout son pouvoir, il avait été obligé d'avoir recours à un petit stratagème. Il avait fait répandre le bruit que, sur ses instances, je m'étais décidé à venir vivre dans son pays ; il était donc nécessaire que je secondasse sa diplomatie. En arrivant à Ousoukouma, sitôt que les canots seraient tirés sur le rivage et mis à sec, je devrais m'en emparer et en cacher les pagaies, et ayant placé ainsi les Ouakiriouie dans l'impossibilité de s'en retourner chez eux, je leur expliquerais ce dont j'avais besoin. Lui ayant promis de suivre ses conseils, il m'envoya son premier ministre et deux de ses favoris pour m'aider à les mettre à exécution, et après lui avoir donné ce que je lui avais promis, il nous fut permis de partir.

En arrivant à notre camp d'Ousoukouma, je ne trouvai que vingt-trois canots, mais bien que ce fût absolument insuffisant pour transporter l'expédition en une seule fois, je résolus de tirer de ce petit nombre le meilleur parti possible. En conséquence je donnai secrètement l'ordre aux capitaines de l'expédition de rassembler leurs hommes et de s'emparer des canots et des pagaies. Ce qui fut fait, les barques indigènes furent tirées de l'eau et halées sur la grève; mais les Ouakiriouie, quand ils apprirent que nous avions agi ainsi, nous déclarèrent la guerre, et comme ils étaient aussi nombreux que nous et bien armés d'arcs et de flèches, ils auraient pu probablement nous causer quelques dommages si je n'eusse pris d'énergiques mesures pour les en empêcher. Chaque soldat de l'expédition fut prévenu par le son du bugle de se préparer au combat, et quand j'eus constaté que tous étaient bien équipés, je les fis ranger en ligne et leur donnai l'ordre d'avancer tranquillement sur les Ouakiriouie, le fusil à la main et dirigé vers eux, et de les expulser du camp et du voisinage du port. Quelques coups de feu furent tirés, mais ils n'atteignirent personne, et les sujets de Loukongeh n'eurent d'autre mal que quelques côtes un peu contusionnées par les canons de nos fusils.

Le troisième jour après cette affaire, j'embarquai deux tiers de l'expédition et partie des approvisionnements dans les canots, et cinq jours plus tard j'arrivai à bon port dans l'île du Refuge, située à deux jours de trajet (par eau) de Bambireh, et à moitié route d'Ouganda. Le rivage du lac se trouvait à environ six milles, et comme dans mon premier voyage sur la *Lady Alice* les naturels de la côte s'étaient, on s'en souvient, montrés fort mal disposés envers nous, je fis construire à l'aide de quartiers de roc un camp retranché, prenant avantage de chaque point élevé comme position pour les tireurs, si bien que le poste, pendant mon absence, serait imprenable. Puis je revins à Oukousouma laissant sur mon île cinquante soldats pour la défendre, et après une absence de quinze jours je revis Kagehyi une fois de plus.

Il me fallait maintenant me préparer à déjouer les projets de Kadouma, prince de Kagehyi, lequel était plus qu'à moitié disposé à seconder son frère Kipingiri dans son projet de s'emparer de moi et de me retenir comme prisonnier jusqu'à ce que j'eusse payé une grosse rançon, probablement la moitié de tout ce qui nous appartenait. Chaque jour je m'entretins amicalement avec lui, je fis de petits présents à sa femme favorite jusqu'à ce que le moment du départ arrivât. Nous allions enfin quitter — j'espérais bien que ce serait pour toujours, — Kagehyi et Ousoukouma. Ce jour-là Kadouma et Kipingiri vinrent au bord de l'eau avec une

forte troupe, mais feignant de ne rien deviner
de leurs intentions, nous affectâmes un air réjoui
et de rire beaucoup tout en chargeant les canots
et faisant embarquer les hommes. Quand ce
travail fut terminé, je me dirigeai lentement
vers le bateau et le poussai au large ; j'avais eu
soin de tenir et faire tenir prêts mes fusils et
ceux de l'équipage. Kadouma, voyant que j'étais
en sûreté, s'en alla, laissant Kipingiri agir
comme bon lui semblerait ; et cet homme perfide, s'apercevant que nos fusils le visaient, laissa
partir les derniers canots sans essayer de s'y opposer.

Ayant constaté que tout se passait bien, j'a-
gitai le drapeau pour souhaiter à ces chefs déçus
dans leur cupidité un dernier adieu, et je rejoi-
gnis notre flotte en miniature. Les canots pourris,
que secouaient rudement l'orage et les vagues,
ne tardèrent guère à faire eau de toutes parts,
plusieurs sombrèrent, si bien qu'en arrivant
à l'île du Refuge il n'en restait plus que quinze.
Rien de fâcheux ne s'était produit dans l'île depuis
mon départ et ne troubla ma joie de voir mes hommes tous en sûreté ; au contraire, les nouvelles
que j'appris étaient bien de nature à l'augmenter.
Le roi d'Itaouagumba et Kijajou son père, sultan de toutes les îles depuis Oukéréoueh jusqu'à
Ihangiro, s'étant aperçus que notre passe était
trop bien fortifiée et pourvue d'une trop forte
garnison pour qu'on pût l'envahir, s'étaient

déclarés nos amis, et avaient approvisionné les soldats d'une abondance de vivres qu'ils leur avaient vendus bon marché. Sur ma demande, ils nous fournirent un guide d'Ihangiro pour nous conduire à Ouganda ; ils nous vendirent aussi trois canots.

Après quelques jours de repos sur l'île du Refuge, nous nous remîmes en route et fîmes halte dans l'île Mahyiga, à cinq milles sud de Bambireh. Me rappelant la façon dont les sauvages de cette dernière île nous avaient traités, et la mort violente ou par inanition que nous avions frisée de si près, je résolus, à moins que ces naturels ne fissent amende honorable de leur cruauté et de leur perfidie, de les combattre. Dans ce but, j'établis mon camp sur l'île Mahyiga, envoyant les canots chercher le reste de l'expédition, qui arriva au bout de quelques jours en bon état.

J'envoyai alors aux naturels de Bambireh un message dans lequel je leur disais que s'ils me livraient leur roi et deux des chefs principaux, je ferais la paix avec eux. En même temps, ne me fiant pas trop à l'effet de cette démarche, j'envoyai une troupe sommer le roi d'Iroba de venir me trouver, ce qu'il fit très-volontiers pour sauver son peuple des horreurs de la guerre. Il arriva accompagné de trois de ses chefs. Je les fis aussitôt prisonniers et dis aux équipages des canots qui les avaient amenés que le prix de leur liberté était la capture du roi de Bambireh et de ses deux principaux chefs.

Les naturels de Bambireh traitèrent mon message avec dédain; mais le matin suivant les gens d'Iroba m'amenèrent le roi de Bambireh, qui fut immédiatement saisi et enchaîné, tandis que le roi d'Iroba et ses compagnons furent mis en liberté, avec la promesse que ni son île ni son peuple ne seraient inquiétés par nous. Un message fut aussi envoyé à Antari, roi d'Ihangiro, sur la terre ferme, dont Bambireh est tributaire, l'engageant à racheter son île de la guerre que j'allais lui faire. Antari envoya son fils et deux chefs pour traiter avec nous, ils nous débitèrent beaucoup de mensonges, ils avaient la traîtrise écrite sur le visage. Ils apportaient quelques régimes de bananes comme arrhes de ce que le roi se proposait de donner; mais je pensai qu'un bon *tiens* vaut mieux que mille *tu l'auras*, et en conséquence, le fils du roi et ses deux compagnons furent retenus comme otages jusqu'à ce qu'on me livrât les deux chefs de Bambireh.

Sur ces entrefaites, sept grands canots que Mtesa envoyait à Ousoukouma pour transporter un Arabe et ses marchandises à Ouganda, relâchèrent à Iroba. Je demandai au chef de cette flottille de ne pas repartir pour Ousoukouma avant que notre expédition se fût mise en route pour Ouganda. Cet homme, nommé Sabadou, m'apprit que Magassa, le grand amiral si fécond en *défaites*, avait rapporté à Mtesa les rames de notre bateau et la nouvelle que nous étions morts, moi et mon équipage ; que là-dessus il avait été mis aux fers, puis ensuite relâché et envoyé par terre, avec une troupe nombreuse, pour tâcher de recueillir quelques renseignements me concernant. J'usai de persuasion envers Sabadou, et après quelque hésitation, il accéda à ma demande.

Deux jours après son arrivée, Sabadou envoya ses Ouaganda à Bambireh pour s'y procurer des vivres. Non-seulement les sauvages ne voulurent point leur en donner si peu que ce fût, mais ils les attaquèrent, en blessèrent huit et tuèrent un chef de Kattaoua, un voisin d'Antari ; ce qui me fournit une nouvelle raison de punir ces indigènes perfides et cruels.

Dans ce but, le matin suivant, je réunis une force de deux cent quatre-vingts hommes : cinquante armés de fusils et deux cent trente armés de lances, et les embarquai sur dix-huit canots. Vers midi nous partîmes, et comme Bambireh se trouvait à huit milles de distance, nous n'atteignîmes pas l'île avant 2 heures. Les naturels semblaient savoir par instinct que ce jour-là serait pour eux un jour de tourments et de peines, car chaque hauteur avait ses vedettes, et quand ils virent la force que j'amenais avec moi, sans aucun doute beaucoup d'entre eux regrettèrent d'avoir été si enclins à attaquer de paisibles étrangers. A l'aide de ma lunette d'approche, j'aperçus des messagers se dirigeant rapidement vers un bosquet de plantains situé sur le versant d'une colline qui dominait, de l'autre côté, un petit port à l'extrémité sud de l'île; d'où je conclus que la force principale des sauvages était cachée derrière ces arbres.

Appelant près de moi les canots, je dis aux chefs de suivre mon bateau, de gouverner exactement comme je le ferais, et surtout de ne pas tenter un débarquement, car je ne voulais pas qu'un seul des hommes qui me suivaient pût être blessé. Je voulais punir Bambireh, mais sans affaiblir mes forces; et en outre, si l'un des sujets de Mtesa succombait, comment pourrais-je, ensuite, me présenter à lui? Je ramai donc droit au port, les canots me suivant de près; et nous nous trouvâmes hors de vue pour les sauvages groupés dans le bosquet de plantains et pour toutes les vedettes; puis, tournant à l'ouest, nous rasâmes la terre de près pendant un mille jusqu'à un cap dont nous fîmes le tour, et nous arrivâmes dans une vaste baie. Par cette manœuvre, j'arrivai à me placer derrière l'ennemi, et toutes ses forces me furent révélées.

Voyant que les sauvages de Bambireh étaient trop nombreux pour que je pusse les attaquer dans le bosquet de plantains, je gouvernai vers l'extrémité opposée de la baie, où se trouvaient des talus dépourvus d'arbres et tapissés d'un gazon court. L'ennemi, croyant que j'allais débarquer là, sortit de son couvert et s'élança le long de la colline pour nous en empêcher. C'était précisément ce que je désirais qu'il fît ; j'ordonnai donc à mes hommes de pagayer lentement pour lui laisser le temps d'arriver. Au bout d'une demi-heure les sauvages furent tous rassemblés là en groupes, et après m'être approché à 100 mètres environ du rivage, je formai ma ligne de bataille, les drapeaux anglais et américain flottant comme étendards.

Ayant fait jeter l'ancre à chaque canot après leur avoir fait tourner la poupe vers la grève, j'ordonnai le feu sur un groupe formé d'environ cinquante sauvages, et le résultat fut qu'ils eurent plusieurs morts et beaucoup de blessés. Voyant qu'ils nous servaient de cible et s'apercevant du danger de se réunir en masses, les naturels s'éparpillèrent et s'avancèrent jusqu'au bord de l'eau, tirant sur nous des flèches et nous lançant dés pierres à l'aide de frondes. J'ordonnai alors aux canots de s'avancer à 50 mètres du rivage, et de faire une décharge à bonne portée. Au bout d'une heure les sauvages virent qu'ils ne pouvaient pas se défendre, et se retirèrent sur la pente de la colline, où ils restaient encore exposés à nos balles. Je fis alors réunir les canots, et leur dis d'avancer ainsi groupés vers la grève, comme s'ils allaient y débarquer. Ceci engagea l'ennemi à faire un effort pour nous repousser hors de l'île; des centaines de sauvages descendirent la colline, brandissant leurs zagaies et prêts à les lancer. Quand il furent assez près, le bugle sonna Halte! et une autre décharge fut faite sur les guerriers armés de lances. Elle eut un effet tellement désastreux qu'ils se retirèrent fort loin; et notre œuvre de châtiment se trouva ainsi consommée.

On n'avait pas brûlé beaucoup de cartouches; mais les sauvages étaient tellement exposés à notre feu sur cette pente découverte tapissée seulement d'un court gazon, ayant de plus le soleil en face tandis que nous l'avions derrière nous, que leurs pertes furent grandes. On en compta quarante-deux étendus morts sur le champ de bataille, et l'on en vit plus d'une centaine se retirer blessés, tandis que de notre côté deux hommes seulement furent contusionnés par les pierres que nous lancèrent les frondeurs.

J'avais maintenant en mon pouvoir non-seulement le roi et un chef de Bambireh, mais aussi le fils d'Antari et l'un de ses chefs; en outre, j'avais cruellement puni les naturels de Bambirch. Quand notre troupe vit que les sauvages étaient défaits, les chefs me demandèrent de leur permettre de débarquer et de détruire complétement ce peuple; mais je refusai, disant que je n'étais pas venu pour cela, mais seulement pour punir leur perfidie et la tentative qu'ils avaient faite de me massacrer ainsi que l'équipage du bateau, alors que je m'étais fié à leurs protestations d'amitié. Il était minuit quand nous arrivâmes à notre camp, mais au son de notre bugle une illumination s'alluma vite, et nous fûmes reçus avec des cris de joie et des chants de triomphe.

Le matin suivant, d'autres canots étant arrivés d'Ouganda, je fis embarquer l'expédition tout entière et nous partîmes pour l'île Mahyiga. Notre flotte comptait maintenant trente-deux canots, et comme nous passions tout près de Bambireh, je pus observer l'effet de la punition que les naturels avaient subie, et fus satisfait de constater que leur effronterie et leur audace étaient maintenant complétement domptées, écrasées, car un seul coup de fusil suffisait pour en mettre en fuite des centaines, tandis que la veille ils avaient tenu, sans s'effrayer, devant une décharge générale. Plusieurs d'entre eux qui descendirent sur la grève me supplièrent de partir et de ne plus leur faire de mal, ce qui me fournit l'occasion de leur expliquer qu'ils avaient eux-mêmes attiré le châtiment sur leur tête en essayant de massacrer de paisibles étrangers.

Le soir nous campâmes en terre ferme, sur le territoire du roi Kattaoua, qui nous traita d'une façon royale pour nous remercier d'avoir vengé le meurtre de son chef par le peuple de Bambireh. Après être restés un jour avec lui, nous campâmes sur l'île de Masira, où le grand amiral Magassa m'avait si honteusement abandonné. Cette île est située presque en face de Makougo, où les naturels, lors de notre premier voyage, avaient songé à nous attaquer. Mais la renommée de ce que j'avais fait à Bambireh les engagea cette fois à m'amener cinq têtes de bétail, quatre chèvres et cent régimes de bananes, ainsi que du miel, du lait et des œufs, comme offrande propitiatoire. Kayozza, roi d'Ouzongora, me fit dire aussi qu'il avait donné l'ordre à son peuple de me donner tout ce que je pourrais désirer, fût-ce cent vaches ou bœufs. Je répondis que je n'avais besoin d'aucune de ses bêtes, mais que s'il voulait me prêter dix canots pour conduire mes gens à Ouganda, je le considérerais comme un ami. Le lendemain, dix canots pourvus de leur équipage me furent envoyés.

Sabadou, le chef Ouaganda, me demanda avec insistance de déclarer la guerre à Kayozza, qui avait commis plusieurs actes d'hostilité et de meurtre contre les Ouaganda; mais je refusai, lui disant qu'attaquer les gens de race noire quand ils maintenaient la paix n'était pas la coutume des hommes blancs, et que je n'aurais pas ouvert le feu sur les indigènes de Bambireh s'ils m'avaient fourni la preuve qu'ils étaient repentants de ce qu'ils avaient fait; ce qui satisfit Sabadou. Cinq jours après avoir quitté Bambirch, l'expédition débarqua et campa à Doumo, en Ouganda, d'où je vous écris, à deux jours de marche de la rivière Kagera. Je choisis cet endroit parce que c'était une situation intermédiaire d'où je pouvais marcher sur l'Albert Niyanza par le nord-ouest, l'ouest ou le sud-ouest, après avoir demandé à Mtesa quelle route était la meilleure. Car entre l'Albert et le Victoria Niyanza se trouvent de très-puissantes tribus, spécialement les Ouasagara, les Ouaruanda et les Ouasangora, toujours en guerre avec le roi d'Ouganda.

Nos pertes sur le lac pendant notre voyage par eau d'Ousoukouma à Doumo, — distance de près de trois cent vingt milles, — étaient de six hommes noyés, cinq fusils et une caisse de munitions. Trois des ânes servant de monture étaient morts d'avoir été liés dans les canots; il ne nous en restait plus qu'un. Notre voyage sur le lac avait duré cinquante-six jours; mais comme nous avions traversé trois fois une même distance de deux cents milles, on voit que nous avions, en somme, fait beaucoup de chemin par eau. Pendant cinquante et un jours, le grain que j'avais emporté d'Ousoukouma dans les canots avait à peu près suffi pour la subsistance de l'expédition; car bien que nous eussions reçu quelques vivres d'Itaouagumba et de Kijajou de Romeh, ils nous avaient été donnés de bonne volonté. Excepté vingt *doti* d'étoffe offerts à ces deux rois, nous n'avons rien dépensé autre chose; si bien que nous avons vécu près de deux mois sur la balle qui a servi à payer le grain en Ousoukouma. J'ai donc toute raison d'être satisfait du résultat de ce long voyage par eau, bien que la perte de mes hommes et de mes fusils me cause de sérieux regrets, et que la mort de tous mes ânes, moins un, soit une calamité. D'autre part, si j'avais essayé de me frayer un chemin par terre à travers les territoires du Mirambo et de Ruoma, j'aurais pu être tué ou réduit à m'enfuir en abandonnant tout ce qui m'appartient.

Après avoir installé le camp je compte faire une nouvelle visite à Mtesa, qui peut-être pourra me donner des guides pour nous conduire à l'Albert Niyanza, car sans doute plusieurs de ses gens ont commercé avec les sauvages habitant sur les bords de ce lac. Mon serviteur européen, Frank Pocock, jouit d'une santé excellente et semble s'être complétement acclimaté en Afrique.

LETTRE XI

MARCHE INFRUCTUEUSE VERS L'ALBERT NIYANZA ; LA RACE BLANCHE DU GAMBARAGARA.

Kaouanga, village frontière entre Ounyoro et Ouganda,
Afrique centrale, 18 janvier 1876.

Il y a six jours, l'expédition anglo-américaine
que je commande, plus deux mille Ouaganda
armés de lances et conduits par le « général »
Sambouzi, campait à Ounyampaka, en Ounyoro, sur le bord du lac Albert Niyanza.
Mtesa, empereur d'Ouganda, m'avait tenu fidèlement sa promesse de me fournir une force suffisante pour pénétrer dans le pays hostile de
Kabba Rega, et me frayer un chemin jusqu'au
lac Albert Niyanza, près duquel nous restâmes
campés trois jours. Mais bien que nous eussions
pu atteindre le lac, boire de son eau, prendre là
deux observations astronomiques et nous procurer de nombreux renseignements sur les contrées avoisinantes, je m'aperçus bientôt que
l'exploration de l'Albert était impossible, à

moins que je ne fusse résolu à terminer là mon voyage.

Car ayant pénétré de vive force à travers le pays de Kabba Rega, c'eût été folie d'espérer que deux mille deux cents hommes pourraient occuper longtemps Ounyampaka en face des milliers de combattants que Kabba Rega, roi d'Ounyoro, et Mtambouko, roi d'Ankori, enverraient contre eux. Depuis que Sir Samuel Baker a provoqué l'hostilité du successeur de Kamrasi, Ounyoro est un pays fermé à tout homme au teint pâle, qu'il soit Arabe, Turc ou Européen. De plus, les officiers de Gordon, au nord du lac, ont de fréquents engagements avec les Ouangoro partout où ils les rencontrent ; et la haine que Kabba Rega porte aux Européens ne va pas en diminuant. Au sud d'Ounyoro s'étend la contrée d'Ankori, habitée par une puissante tribu dont les forces se sont généralement trouvées suffisantes pour rendre à Mtesa mesure pour mesure et coup pour coup, et dont la férocité, la singulière aversion pour les étrangers, ont contraint toutes les caravanes commerçantes de se tenir hors de leur portée.

En examinant les chances de succès que pouvaient m'offrir les diverses routes conduisant au lac Albert, je reconnus bientôt que, sans l'aide d'une troupe considérable de Ouaganda, je ne pourrais pas parvenir à l'atteindre, et que, même avec les Ouaganda pour auxiliaires, à moins que l'empereur ne m'en donnât cinquante ou soixante mille, il serait à peu près inutile d'espérer que nous pussions nous maintenir sur le terrain que nous occuperions assez longtemps pour me permettre d'entreprendre un voyage d'exploration de deux mois, et de retrouver à mon retour l'expédition encore intacte, saine et sauve.

Quand j'exposai ces idées à l'empereur, lui et ses chefs m'assurèrent que deux mille hommes étaient amplement suffisants, que Kabba Rega n'oserait pas brandir une seule lance contre les Ouaganda, parce que c'était lui, Mtesa, qui l'avait assis sur le trône de Kamrasi. Bien que je ne fusse pas absolument convaincu par les raisons que me donnait Mtesa, je n'insistai pas davantage, et acceptai en l'en remerciant le « général » Sambouzi et deux mille hommes comme escorte.

Notre marche à travers l'Ouganda de l'ouest et du nord-ouest ne fut interrompue par aucun événement de nature à troubler la joie secrète que j'éprouvais en me trouvant une fois de plus sur le chemin de nouveaux champs d'exploration. Nous parcourûmes aisément l'Ouganda occidental, contrée pastorale et pittoresque, exhibant nos lances et nos fusils sans avoir besoin d'en faire usage. Le gibier était abondant ; et vingt-sept cerfs tombèrent victimes de mon amour pour la chasse, ou furent sacrifiés à nos besoins.

Étant arrivés à la frontière d'Ounyoro, nous fîmes tous nos préparatifs de guerre, et le 5 janvier nous entrâmes sur le territoire de Kabba Rega. Les habitants s'enfuirent devant nous, laissant derrière eux, dans leur hâte, leurs provisions, dont nous fîmes usage. Le 9 nous campâmes au pied de la grande montagne nommée Kabouga, à cinq mille cinq cents pieds au-dessus du niveau de la mer. De l'un des versants du Kabouga nous aperçûmes en passant la reine des montagnes, le Gambaragara, qui atteint une hauteur de treize à quinze mille pieds au-dessus du niveau de la mer. On y voit fréquemment de la neige, bien qu'elle ne soit pas perpétuelle. Sur son sommet habitent les principaux médecins sorciers de Kabba Rega, gens d'aspect et de teint européens. J'en ai vu à peu près une demi-douzaine, et cela me rappela ce que Moukamba, roi d'Ouzigé, nous avait dit à Livingstone et à moi concernant des gens à peau blanche qui vivaient loin là-bas, au nord de son pays.

C'est une race bien conformée, et quelques-unes de leurs femmes sont remarquablement belles. Leurs cheveux sont laineux et de couleur brune, leurs traits réguliers, leurs lèvres minces, mais leur nez, quoique bien formé, est assez gros du bout. Plusieurs de leurs descendants sont disséminés dans Ounyouro, Ankori et Ruanda, et la famille royale de ce dernier pays, si puissant, se distingue, m'a-t-on dit, par la pâleur de son teint. La reine des îles Sosua, dans le Victoria Niyanza, est une descendante de cette tribu. Je n'ai eu aucun moyen de me rendre compte d'où est venu ce peuple singulier. Les Ouaganda racontent que le premier roi d'Ounyoro leur donna les terres qui se trouvent au pied de la montagne Gambaragara, et qu'au milieu de maintes vicissitudes ils ont continué de résider là depuis des siècles. A l'approche d'une armée d'invasion ils se retirent vers le sommet de la montagne, dont le froid intense suffit pour arrêter les plus déterminés de leurs ennemis. Il y a deux ans, l'empereur Mtesa envoya son premier ministre avec cent mille hommes dans Gambaragara et Ousongoro ; mais bien que le grand général d'Ouganda occupât les versants des montagnes et les gravît longtemps à leur poursuite, il fut contraint par la rigueur du climat de les redescendre sans avoir capturé autre chose que deux esclaves noirs, la race au visage pâle s'étant retirée dans son imprenable forteresse au sommet.

La montagne, paraît-il, est un volcan éteint ; à sa cime se trouve un lac clair comme le cristal, d'environ 500 mètres de largeur, et du centre duquel s'élève un rocher semblable à une haute colonne. Un rebord de pierre pareil à un mur entoure le sommet, et dans cette enceinte il y a plusieurs villages, où le principal médecin sorcier et ses gens résident. Deux hommes de cette tribu, qui à première vue auraient pu être pris pour des Grecs vêtus de chemises blanches, accompagnaient Sekadjougou, un lieutenant de Sambouzi, pendant notre expédition au lac Albert et notre retour à Ouganda ; mais ils étaient extrêmement peu communicatifs, et je ne pus rien obtenir d'eux concernant l'histoire de leur nation. Leur nourriture consiste en lait et en bananes, et ils étaient les deux seuls hommes de marque sous le commandement de Sambouzi qui possédassent plus de deux vaches laitières pour les approvisionner de lait pendant la marche. Sekadjougou, avec lequel ils se trouvaient en bons termes, s'étant enrôlés sous son commandement, disait qu'ils s'étaient révoltés contre Kabba Rega, et que pour échapper à sa vengeance, ils avaient cherché refuge près de lui, Sekadjougou.

Je vis à la cour de Mtesa un autre spécimen de ce peuple à la peau blanche dans la personne du prince Namioudjou, le frère du roi actuel de Gambaragara, Nyika. Quand je rencontrai cet homme pour la première fois, je le pris pour un jeune Arabe du Caire qui s'était fixé à Ouganda pour quelque raison inconnue, et ce ne fut qu'après avoir vu plusieurs autres personnes de cette même couleur pâle que je pus croire qu'il existât une grande et nombreuse tribu de cette nuance singulière dans le cœur de l'Afrique, bien loin de la route que suivent ordinairement les voyageurs et les caravanés qui font le commerce.

L'Afrique est certainement le pays par excellence des fables, des romans et de la superstition, mais cela me ferait croire qu'il existe quelques parcelles de vérité dans les récits des gens naïfs qui la peuplent. Sur les bords du Victoria, en Oysoukouma, j'avais entendu parler d'un peuple habitant loin de là, dans la direction du nord, qui possédait de très-grands chiens tellement féroces, qu'on les menait souvent à la guerre contre les ennemis de leurs maîtres. Par la suite, je parvins à découvrir que ces gens sont les Ouakedi, tribu vivant au nord d'Ouroga. Les mêmes Ouakedi, dans leurs guerres nombreuses contre Ouganda, ont été souvent trouvés revêtus d'armures de fer ! De plus, il y a quatre ans, explorant avec Livingstone le Tanganika, j'entendis dire qu'il existait une race blanche au nord d'Ouzigé. A ce moment, Livingstone et moi, nous sourîmes à l'absurdité de ce récit : un peuple blanc vivant au cœur de l'Afrique, et nous l'attribuâmes à la couleur brun clair des Ouarundi. Or, j'ai maintenant non-seulement vu le pays de ce peuple blanc, mais encore plusieurs spécimens de la race à diverses périodes et dans différents endroits. S'ils n'avaient pas les cheveux pareils à ceux des nègres, je dirais que ce sont des Européens ou des Asiatiques à teint peu coloré, des Syriens ou des Arméniens, par exemple. A propos de ces créatures singulières, j'ai entendu dire que le premier roi de Kisbakka, contrée située au sud-ouest de Karagouie, était un Arabe, et que son cimeterre est encore conservé avec un grand respect par la famille actuellement régnante.

La route que nous suivions pour gagner le lac Albert côtoyait la rive sud de la rivière Rousango, qui serpente parmi des défilés profonds et se précipite souvent en cataractes mugissantes et en rapides tumultueux. En dix heures de marche ininterrompue, nous traversâmes une lande inhabitée sise en Ankori, et nous nous retrouvâmes de nouveau en Ounyoro, dans le district de Kitagouenda, qui est bien peuplé et cultivé. Notre soudaine apparition sur la scène avec tambours battant, drapeaux déployés, bugles sonnant, causa aux naturels une telle panique, qu'ils s'enfuirent de leurs champs et de leurs maisons tellement à la hâte, que beaucoup de nos gens trouvèrent la bouillie destinée à la nourriture de la famille encore sur le feu en train de cuire, et de grands pots pleins de lait tout prêts pour le repas du soir.

Il avait été précédemment convenu entre le général Sambouzi et moi que si les habitants nous laissaient traverser paisiblement Ounyoro, aucune violence ne serait faite à personne d'entre eux. Mais à Kitagouenda nous nous trouvâmes maîtres d'un district populeux et florissant, avec pas une âme près de nous pour nous fournir un renseignement. Le soir du 9 janvier, nous étions arrivés à peu près à trois milles à l'ouest du lac Albert, et nous avions intérêt à savoir à quoi nous en tenir sur les sentiments des gens du pays envers nous. Sambouzi fut assez intelligent pour comprendre la situation, et il consentit à envoyer le matin suivant deux cents hommes battre les environs pour capturer quelques naturels à l'aide desquels nous pourrions communiquer avec le chef de Kitagouenda et lui faire savoir que si l'on ne nous molestait pas, nous n'avions aucune intention hostile ; bien mieux, que s'il nous permettait de résider deux mois dans le pays, nous lui paierions en étoffes, en verroteries ou en fil métallique tout ce que nous consommerions.

Le jour suivant, nous fîmes halte, et nos éclaireurs ramenèrent cinq naturels qui furent envoyés au chef avec un message pacifique. Cet individu ne daigna pas nous répondre, bien que nous savions qu'il résidait sur le sommet d'une montagne voisine. Le 11 nous fîmes avancer notre armée à un mille du bord du plateau, à onze cents pieds au-dessous duquel se trouvait l'Albert Niyanza. Nous construisîmes là notre camp dans la matinée du 11, et ne recevant aucune réponse du chef de Kitagouenda ou de Ounyampaka, nous envoyâmes cinq cents Ouaganda et cinquante hommes de l'expédition anglo-américaine à la recherche d'une localité où l'on pût établir un poste entouré de palissades, et pour emprunter tous les canots qu'ils trouveraient le long de la côte, à la base du plateau sur lequel nous étions campés. Au bout d'environ trois heures, la troupe envoyée en reconnaissance revint; elle était parvenue à s'emparer seulement de cinq petits canots, trop petits pour nous être d'aucune utilité, et elle nous informa que l'alarme s'était déjà répandue tout le long de la côte; le bruit courait qu'une grosse troupe d'étrangers était arrivée au lac dans un but guerrier.

J'employai la journée du 12 à m'efforcer de décider Sambouzi à descendre au bord du lac, pour que nous pussions construire là un camp retranché et monter, en en réunissant les sections, le bateau *la Lady Alice*; mais ce fut en vain. Les naturels, pendant ce temps-là, avaient retrouvé leur sang-froid, et, ayant reçu des renforts des districts voisins, ils se préparaient à un effort pour nous punir de notre témérité. Dans une occasion nous sortîmes du camp pour les combattre, mais eux, en se retirant, nous dirent d'un ton narquois de garder notre force pour le lendemain. Ne pouvant décider Sambouzi à déplacer son camp ou à séjourner là où nous étions, il ne nous restait plus qu'à retourner en Ouganda, et en conséquence, la nuit du 12, il fut résolu de partir et d'essayer de découvrir quelque autre pays où l'expédition pourrait camper en sûreté, pendant que j'explorerais le lac sur la *Lady Alice*. Le matin du 13, nous nous mîmes en marche en ordre de bataille, cinq cents hommes armés de lances formant l'avant-garde, cinq cents à l'arrière-garde, mille autres lances et l'expédition au centre. Je ne puis dire si ce fut notre colonne compacte qui empêcha qu'on ne nous attaquât, mais toujours est-il que nous pûmes quitter la contrée de Kitagouenda sans être inquiétés ; seulement les naturels suivirent de près notre arrière-garde pour s'emparer des traînards. Le 14, comme. nous entrions à Benga en Ounyoro, ils se précipitèrent hors du bois pour nous attaquer, mais quelques coups de fusil les dispersèrent. Le 18, nous rentrions en Ouganda.

Quelque idée que vos lecteurs puissent se faire de notre voyage au lac Albert, je ne crois pas m'être jamais rendu coupable auparavant d'une démarche terminée d'une façon aussi naïve. Je pense quelquefois qu'il eût mieux valu, bien que ç'eût été absolument contraire aux ordres, avoir lancé le bateau et exploré le lac, laissant l'expédition prendre soin d'elle-même, périr ou survivre pendant mon absence. Mais je me disais que ce serait un trop grand malheur, et que si une route était fermée, il pouvait probablement y en avoir d'autres ouvertes; si bien qu'après de longues réflexions je résolus de revenir et d'essayer de découvrir le long du lac un endroit habité par des gens plus raisonnables, plus disposés que les naturels hostiles d'Ounyoro et d'Ankori à accepter des présents amicaux.

Bien que nous ayons pris de nombreux renseignements, nous n'avons pu glaner aucune nouvelle de Gordon ou de ses steamers; les naturels d'Ounyampaka n'ont jamais entendu parler d'aucun vaisseau plus grand qu'un canot, et il est impossible qu'un navire aussi singulier qu'un steamer puisse approcher près d'Ousougora sans que la nouvelle d'une telle apparition se répande.

Le grand promontoire d'Ousougora est tributaire de Kabba Rega, bien que gouverné par Nyika, roi de Gambaragara. Ousougora est le grand champ salin d'où les pays voisins tirent leur sel. D'après tous les récits, c'est une vraie terre de merveilles, mais le voyageur désireux de l'explorer devrait avoir avec lui un millier de fusils Snider pour le protéger, car les naturels, pareils à ceux d'Ankori, ne se soucient de rien autre chose que de lait et de peaux de chèvres.

Parmi les choses étonnantes qu'on y signale se trouvent une montagne vomissant du feu et des pierres, un lac salé d'une étendue considérable, plusieurs collines formées de rochers de sel, une vaste plaine couverte d'une croûte épaisse de soude et de sel, une race de chiens énormes d'une férocité extraordinaire, et une tribu de naturels pourvus de si longues jambes que les mortels ordinaires les regardent avec surprise et terreur. Les Ouaganda, qui ont envahi leur pays dans un but de pillage, signalent chez ce peuple un courage doublé de sang-froid contre lequel leur grand nombre et leur habileté bien connue à se servir du bouclier et de la lance ne leur servit pas à grand'chose. Ils sont, en outre, organisés par clans, et ne permettent à personne de leur tribu d'épouser des étrangers. Leur nourriture se compose seulement de lait. Leur unique occupation est de garder leurs vaches, dont ils possèdent une immense quantité; et ce fut pour capturer quelques-uns de leurs troupeaux que l'empereur d'Ouganda envoya cent mille hommes, sous les ordres de son premier ministre, en Ousougora. L'expédition réussit; car les Ouaganda retournèrent dans leur pays avec environ vingt mille têtes de bétail; mais ce butin fut si chèrement acheté, l'armée perdit tant d monde, qu'il est douteux qu'une pareille razzia soit jamais tentée de nouveau en Ousougora.

Je me propose de me reposer ici une couple de jours, puis de marcher sur Karagouie pour découvrir une autre route menant au lac Albert.

LETTRE XII

LE ROI ROUMANIKA; IMPORTANTES DÉCOUVERTES GÉOGRAPHIQUES.

Kafourro, comptoir arabe près la capitale de Roumanika, Karagoulo, Afrique centrale, 26 mars 1876.

Avant de me séparer du « général » Sambouzi, je reçus de lui de nouvelles preuves de
mauvais vouloir qui furent une nouvelle cause
de plainte à ajouter à celle fournie par son refus de m'aider à construire un camp retranché
sur le bord du lac Albert. Le « général », s'a-
percevant sans doute que ses chances de recevoir
de moi une récompense étaient très-minces, en-
treprit de se payer lui-même, et refusa de rendre trois charges de verroteries qu'on lui avait
donné à transporter, se les appropriant pour son
propre bénéfice. Par une telle façon de procéder
il se rendit coupable de vol, et, ce qui est pis
en Ouganda, de manque de respect et de conduite répréhensible envers l'hôte de l'empereur,
s'exposant par là aux châtiments les plus sévères.
Ma lettre de plainte ne fut pas plutôt reçue par

Mtesa qu'une troupe de fusiliers fut envoyée à sa poursuite, et Sarouti, chef de cette troupe, dépouilla le « général » Sambouzi de son bétail, de ses femmes, de ses enfants et de tout ce qu'il possédait ; le « général » lui-même fut saisi, lié, et amené chargé de chaînes devant l'empereur.

Mtesa me fit remettre plusieurs messages me demandant de revenir, et me promettant Sekibobo avec cinquante mille hommes, et Mquenda avec quarante mille autres, pour m'escorter de nouveau au lac Albert, me donnant en même temps l'assurance solennelle que ces chefs défendraient le camp jusqu'à ce que je revinsse de mon voyage d'exploration. Mais bien que je pleurasse presque de dépit, et que je fusse extrêmement chagrin de refuser une offre aussi généreuse, je crus devoir la décliner respectueusement, ne comptant plus désormais sur les Ouaganda ; et je répondis dans ce sens à tous les messages qui m'arrivèrent. En outre, quand j'appris les intentions de Mtesa, je me trouvais trop loin au sud, étant campé sur les bords de la rivière Kagera, et retourner de la Kagera à la Katonga, puis marcher de nouveau sur le lac Albert, tout cela m'aurait pris trois mois, pendant lesquels Sekibobo et Mquenda pouvaient me manquer de parole comme Sambouzi, si bien qu'à mon retour à Ounyampaka après mon exploration du lac, peut-être n'eussé-je retrouvé là ni les Ouaganda ni même l'expédition. J'avais encore plusieurs autres raisons sérieuses de persister dans mon refus et de poursuivre ma marche vers Karagouie ; mais ce fut néanmoins le cœur triste que je dis adieu à mes espérances d'explorer le lac Albert du côté est.

Jusqu'à mon arrivée en Karagouie je fus chaque jour encouragé par les récits de naturels naïfs m'affirmant que derrière Mpororo se trouvait une contrée où nous serions reçus comme des amis ; mais en m'en enquérant près de Roumanika, monarque doux et d'un excellent caractère, il m'informa que cette contrée amie, Outoumbi, était tout à fait inaccessible, les gens de Mpororo refusant de laisser même son propre peuple à lui, Roumanika, traverser leur territoire. Quand je m'informai si Ruanda était accessible aux voyageurs, il me fut répondu qu'à cinq différentes reprises des Arabes avaient essayé de nouer des relations avec les indigènes, mais que chaque fois leurs avances avaient été repoussées, et que, de plus, plusieurs d'entre eux avaient été massacrés par ce peuple perfide. Je demandai alors s'il n'existait entre Ruanda et Ourondi aucune route par laquelle je pusse atteindre Ouzigé. Le vieux roi sourit à la question, et déclara que les Ouarandi étaient pires encore que les naturels de Ruanda. Ce propos ne m'ayant pas complétement édifié, je questionnai Hamed Ibrahim, un Arabe qui s'occupe de commerce à Karagouie depuis douze ans, sur la possibilité de pénétrer dans la direction de l'ouest en partant d'un point quelconque près de Karagouie. Ses réponses, bien que plus explicites et plus définies que celle du roi, m'enlevèrent à peu près tout espoir de jamais parvenir de nouveau à atteindre le lac Albert du côté est.

Pour mettre à l'épreuve l'amitié de Roumanika, je lui demandai de me permettre d'explorer la frontière de Karagouie, vers le nord jusqu'à Mpororo, vers le sud jusqu'à Ougoufou (distance, 80 milles géographiques), et de me prêter des guides et une escorte de naturels. A ma grande surprise, le vieux roi, cet homme si aimable, non-seulement me donna des guides et une escorte, mais aussi des canots et la franchise de Karagouie ; en d'autres termes, il promit que pendant tout le temps que durerait mon exploration, nous aurions, moi et mes gens, la subsistance gratis ! Ainsi, pour la seconde fois, je fus assisté par un monarque africain dans l'intérêt de la géographie. Je ne perdis pas de temps, comme on doit le penser, et fus bientôt prêt à partir. Le bateau *la Lady Alice* fut transporté au bord du lac Windermere de Speke, on en vissa ensemble les sections, si bien que le jour suivant nous partîmes pour une autre excursion, montés dans six des canots de Roumanika pourvus de rameurs Ouanyambou (naturels de Karagouie).

Après avoir circumnavigué le lac Windermere, nous entrâmes dans la rivière Kagera, et presque immédiatement une lueur traversa mon esprit, je me dis que j'avais fait une autre importante découverte, que j'avais trouvé en somme le vrai parent du Nil Victoria. Si vous jetez un coup d'œil sur la carte de Speke, vous vous apercevrez qu'il appelle cette rivière la Kitangoule, et indique deux affluents qui s'y jettent : le Louchouro et l'Ingezi. Speke, si étonnamment correct, doué d'un esprit qui saisissait les faits géographiques avec tant de perspicacité et en classait les détails avec tant de précision et d'exactitude, s'est cependant sérieusement trompé en appelant cette noble rivière la Kitangoule. Ni les Ouaganda ni les Ouanyamba ne la connaissent sous ce nom, mais ils connaissent tous la rivière Kagera, *qui coule près de Kitangoule*. De son embouchure à Ouroundi elle est désignée par les naturels habitant ses deux rives sous le nom de rivière Kagera. Le mot Louchouro, ou plutôt Loukaro, signifie « situé plus haut », mais ne désigne aucun cours d'eau en particulier. Quant à l'Ingezi, j'aurai occasion d'y revenir.

Pendant mon exploration du Victoria, je remontai la Kagera pendant quelques milles, et fus alors frappé de son volume considérable et de sa profondeur, tellement frappé même, que je jugeai qu'elle devait être le principal affluent du lac. En la traversant à Kitangoule, dans la direction du sud, je la sondai et trouvai quatorze brasses d'eau, ou quatre-vingt-quatre pieds de profondeur, et 110 mètres de largeur. Ce fait, ajouté à l'opinion répandue parmi les naturels que la Kagera est un bras de l'Albert Niyanza, me fit penser que cette rivière valait la peine qu'on l'explorât. Je savais, comme tous ceux qui connaissent un peu la géographie de l'Afrique, que la Kagera ne pouvait être un « effluent » du lac Albert, mais les affirmations répétées de ses riverains me firent soupçonner qu'une étendue d'eau aussi considérable ne pouvait être seulement le résultat de l'écoulement des eaux de Ruanda et Karagouie, qu'elle devait avoir sa source beaucoup plus loin, ou provenir d'un lac situé entre l'Albert et le Tanganika.

Quand j'explorai le lac Windemere, je reconnus à l'aide de sondages qu'il avait une profondeur moyenne de quarante pieds, et qu'il était alimenté et drainé par la Kagera. En entrant dans la Kagera, l'idée me vint de suite à l'esprit, comme je le disais tout à l'heure, que c'était un autre Nil Victoria ; en sondant, je trouvai cinquante-deux pieds d'eau dans une rivière de 45 mètres de large ! Je continuai de remonter la Kagera pendant trois jours, et arrivai à un autre lac d'environ neuf milles de long sur un mille de large, situé à droite de la rivière. A l'extrémité sud de ce lac, après nous être frayé un chemin à travers une étendue de deux milles couverte de papyrus, nous trouvâmes l'île d'Ounyamoubi, longue d'un mille et demi.

Gravissant le point le plus élevé de l'île, et me livrant ensuite à quelques recherches, le secret de l'*Ingezi* ou de la Kagera me fut révélé. Je découvris que des masses de papyrus figurant au premier coup d'œil une terre ferme s'étendaient de toutes parts, mais qu'en réalité *elles étaient flottantes* et qu'au-dessous se trouvaient de neuf à quatorze pieds d'eau, que cette végétation recouvrait la plus grande partie du lac, et que la rivière, bien qu'en apparence un cours d'eau rapide coulant entre des rives formées de grandes herbes aquatiques, était un simple courant qui, *par dessous les papyrus*, alimentait un lac long d'environ quatre-vingts milles géographiques, et variant de cinq à quatorze milles en largeur.

En descendant la Kagera, à cinq milles d'Ounyamoubi nous découvrîmes encore un vaste lac situé sur la rive gauche ; en l'explorant nous trouvâmes qu'il avait treize milles géographiques de long sur huit de large. De sa rive ouest à la terre ferme de Karagouic la distance était de quatorze milles, sur lesquels huit d'eau claire et ouverte ; les autres six recouverts de champs de papyrus, sortes d'îles flottantes qui se déplacent chaque jour...

Dans sa longueur totale (80 milles) la Kagera conserve à peu près le même volume et presque la même largeur, déchargeant ainsi le surplus de ses eaux à droite et à gauche et alimentant, au moyen des canaux souterrains que je viens de signaler, ce qu'un observateur les apercevant de la terre ferme appellerait dix-sept lacs séparés. Mais tous ces lacs n'en forment en réalité qu'un seul, car ils communiquent entre eux *par dessous* les champs de papyrus et par des canaux pareils à des lagunes, qui serpentent tortueux au sein de ces prairies d'herbes aquatiques.

Les étendues d'eau ouverte sont appelées par les sauvages *rouvéreusse* ou lac ; les lagunes les réunissant et l'eau profonde recouverte d'herbes sont désignées sous le nom d'*Ingezi*. Ce que Speke a baptisé lac Windermere est une de ces *rouvéreusses...*

A l'endroit où Ankori fait face à Karagouie, le lac se rétrécit et devient une rivière tumultueuse remplie de tourbillons, qui se brise furieuse contre les rochers et enfin se précipite par dessus une sorte de mur d'une hauteur de dix à douze pieds avec un mugissement terrible ; c'est pourquoi les naturels appellent cet endroit Morougo, c'est-à-dire « la cataracte bruyante ».

En revenant de mon voyage d'exploration, pendant lequel je fus très-hospitalièrement traité, tant était puissant le nom du bon Roumanika, je me fis conduire par des guides aux sources chaudes de Mlagata, qui jouissent d'un grand renom dans tous les pays environnants, en raison de leurs propriétés curatives. Après deux jours de marche ininterrompue, nous arrivâmes dans la gorge profonde où elles sont situées. Je trouvai là une étonnante variété de plantes, d'herbes et de buissons ; la nature y déploie une fécondité extraordinaire. Elle enfante avec une telle vigueur que chaque plante semble étouffer ses voisines faute de place. Elles sont, ces plantes, si accumulées les unes sur les autres, qu'elles forment des sortes de petites collines de verdure, la partie inférieure privée d'air et de lumière par celle supérieure, et du sein des tas ainsi formés s'élancent de grands arbres à la tige droite comme une flèche, couronnée d'un feuillage magnifique.

Les sources étaient visités à ce moment là par une grande quantité de malades, et l'on voyait des hommes et des femmes gisant pêle-mêle, à demi endormis, dans les étangs qu'elles remplissent. L'eau la plus chaude émergeait de la base d'une colline rocheuse ; quatre autres sources sortaient d'un épais sédiment boueux. C'étaient celles que recherchaient davantage les naturels, et la réputation de la localité est basée surtout sur l'efficacité de leur eau. Je campai là trois jours et en fis usage ; mais je ne puis dire que j'en aie retiré aucun bénéfice. J'en bus environ 5 litres, et puis constater qu'elle n'a pas d'effet laxatif sur le système. J'en ai rapporté avec moi une bouteille dans l'espoir de la faire analyser par des chimistes européens.

Ce n'est qu'hier que je suis arrivé des sources

chaudes, et ayant vu tout ce qu'il y a à voir dans Karagouie, sans avoir encore découvert aucune route conduisant à l'ouest, je me propose de me remettre en marche après-demain le long de la rive est du lac, et de me diriger vers le sud ou le sud-ouest, si la chose est praticable, dans le but de continuer et compléter les intéressantes découvertes que j'ai faites.

LETTRE XIII

RACE A LONGUES JAMBES; LES CHAINES DE MONTAGNES DE L'AFRIQUE CENTRALE.

Oubagouie, Ounyamouézi, Afrique centrale, 24 avril 1876.

Nous partîmes de la capitale de Karagouie animés de bonnes intentions et de hautes aspirations. Nous avions découvert que la Kagera formait un grand lac d'environ quatre-vingts milles de long sur une largeur variant de cinq à quatorze, qu'à Kichakka c'était encore un cours d'eau puissant et profond, et les récits des naturels et des Arabes avaient développé dans nos esprits de curieuses idées par rapport au réservoir principal de cette noble rivière. Imbus de la pensée qu'en suivant sa rive droite jusqu'à une distance suffisante nous pourrions découvrir cette source, nous fîmes d'amples provisions pour traverser un vaste désert; chaque homme de l'expédition emporta sur ses épaules dix jours de vivres en grain, et le 27 mars nous partîmes pour ces pays inhabités. Le second jour, nous arrivâmes à la rive orientale d'un lac, étendue d'eau longue, étroite et sinueuse.....

On m'apprit que la race à longues jambes qui habite les contrées à l'ouest d'Ouganda, de Karagouie et d'Ui, a une aversion mortelle pour les étrangers. La vue même d'un chien qui n'est pas du pays suffit pour les mettre dans une rage insensée, dont ils manifestent le paroxysme en ne cessant de brandir leurs lances ou de bander leurs arcs. Ils sont sous ce rapport très-proches parents de ces naturels de Bambireh qui poussaient leur cri de guerre à la seule vue de notre inoffensif bateau d'exploration flottant sur le lac Victoria. Ils ont tellement peur de perdre leur bétail, que si une de leurs vaches vient à mourir de maladie, le pays tout entier est fouillé pour découvrir l'étranger qui a fait périr l'animal en l'ensorcelant, et si l'on trouve cette personne, sa vie est sacrifiée aux préjugés de ces naturels à l'esprit étroit et myope.

Les hommes se causent fréquemment les uns aux autres bien des surprises par leurs manies, leurs *dadas*, par la passion qu'ils manifestent pour l'or, les chevaux, les chiens, les chats, les oiseaux, les beaux vêtements, etc.; mais l'amour dont les Ouasongora, les Ouanyankori, les Ouaruanda, les Ouagoufou, les Ouanyamba et les Ouatousi font preuve pour leur bétail est vraiment une affection excessive, excentrique et avaricieuse. Un étranger pourrait mourir dans l'un ou l'autre des territoires habités par ces peuples, faute d'une goutte de lait. Bien que généreux et d'un caractère doux, — il me le prouvait chaque jour, — Roumanika ne m'en a jamais offert une cuillerée pendant le temps que je restai près de lui, et s'il m'en avait donné la valeur d'un seau, son peuple l'aurait écartelé. De cet amour excessif pour leurs bestiaux provient leur hostilité envers les étrangers; ils craignent que ceux-ci ne jettent un sort sur leurs vaches. En maintenant une stricte quarantaine, un système d'exclusion, ils espèrent se garantir des maléfices et de désastres soudains.

En comparant les renseignements obtenus des naturels d'Oubimba, d'Ougoufou, de Kichakka, d'Ourundi et de Ruanda, je puis vous donner de nouveaux détails sur la source et le cours de la rivière Kagera, et j'ai espoir de parvenir, d'ici quelques mois, à explorer une étendue de pays dans laquelle, je crois, doit se trouver son principal réservoir....

.... La direction de toutes les chaînes de montagnes et vallées principales, de Ruanda au Victoria Nyanza, paraît aller du sud à l'ouest. En vérité, l'on peut dire que d'Alexandrie au lac Nyassa, la partie centrale de l'Afrique semble formée de chaînes de montagnes, de cavités profondes, de bassins ou vallées, qui s'étendent en longueur du nord à l'est, du sud à l'ouest, ou du nord-est au sud-ouest. Regardez le cours du Nil depuis le lac Albert jusqu'à son embouchure, la position des lacs Albert, Tanganika et Nyassa, ainsi que du lac Victoria ; suivez la chaîne des montagnes Mokattam à travers la Nubie, l'Abyssinie, le Galla, le Masai et l'Ousougoura ; étudiez la direction des plateaux d'Oumyanouézi, d'Ourori, d'Oubiza, au sud du pays des Bitchouana ; et vous vous apercevrez que la pente générale de presque tous les fleuves, lacs, montagnes, bassins et plateaux, est du nord-est au sud-ouest. Sur une échelle réduite, il en est ainsi de toutes les chaînes de montagnes et vallées qui se trouvent entre les lacs Victoria et Albert. Il semblerait que les douleurs d'enfantement dont l'Afrique a souffert pendant cette grande convulsion du globe qui l'a déchirée en deux, qui a accumulé l'un sur l'autre ces pics prodigieux et creusé ces immenses bassins maintenant parsemés de vastes étendues d'eau claire comme le cristal, aient été plus vives, plus cruelles vers cette région des lacs, car les montagnes y sont plus hautes, les vallées plus profondes et plus étroites....

Avec les meilleures intentions de poursuivre mon exploration du cours de la Kagera, je fus paralysé par la famine en Ousoui et par l'hostilité des Ouarundi ; il me fallut donc renoncer à visiter les pays qui se trouvent de ce côté du Tanganika. Récapitulant les chances qu'il y avait de mener à bien la besogne sans dépenser inutilement mes provisions ainsi que ma santé et l'énergie qui me restaient, je me rendis compte qu'il était inutile de se coucher à terre en signe de désespoir et de lancer des invectives contre les naturels intraitables, mais qu'il serait bien préférable et plus courageux de gagner rapidement d'autres régions et d'essayer d'arriver au lac Albert par une autre route, en partant d'un point opposé. L'en-tête de cette lettre vous indique que je suis, à l'heure qu'il est, dans l'Ounyamouézi occidental, à quinze jours de marche à peu près d'Oudjidji.

Ce que je me propose de faire maintenant est de gagner rapidement Oudjidji, de là explorer le Tanganika dans mon bateau, et me diriger ensuite vers le lac Albert par Ouzigé. Si cette route n'est pas libre, je traverserai le Tanganika et décrirai dans la direction du nord un circuit, plusieurs s'il le faut, pour arriver à effectuer l'exploration de l'Albert. Peut-être n'est-il plus nécessaire maintenant d'explorer ce lac, cette besogne peut avoir été exécutée par Gordon ou quelqu'un de ses officiers, mais je n'ai aucun moyen de savoir à quoi m'en tenir; il me reste donc, si la chose est possible, à en accomplir la circumnavigation. Si la chose est impossible, je partirai pour d'autres régions et continuerai là mes travaux d'exploration, jusqu'à ce que la diminution progressive de mes approvisionnements m'avertisse qu'il est temps de m'en revenir.

LETTRE XIV

LE MYSTÈRE DU TANGANIKA EXPLIQUÉ.

Oudjidji, 7 août 1876.

En dépit de sa longueur excessive, le lac Tanganika ne doit plus être désormais l'objet de doutes ou d'hypothèses fantaisistes, car il a été circumnavigué et mesuré par moi, et son énorme étendue de côtes se trouve relevée et tracée aussi exactement qu'un bon chronomètre et des observations solaires peuvent le permettre. La découverte du capitaine Burton est maintenant complétée; pas un coin n'en reste indéfini, pas une sinuosité n'en reste inconnue...

J'écris cette lettre pour expliquer le problème du Tanganika, qui a si fort embarrassé Livingstone ainsi que tant d'autres explorateurs, et a conduit beaucoup de géographes instruits à publier des conjectures vagues au lieu de faits et vérités solides... Je commencerai par la'tradition, la mère de l'histoire. Les Ouadjidji, tribu qui occupe maintenant un pays situé non loin de la côte orientale du Tanganika, ayant émigré depuis longtemps de Ourimdi, les Ouad-jidji, dis-je, ont deux légendes intéressantes concernant l'origine du lac Tanganika.

La première raconte que la partie de ce continent maintenant occupée par le lac était une plaine « il y a des années, des années et des années » ; que sur cette plaine se trouvait une grande ville ; à quel endroit précis, on l'ignore. Dans cette ville habitaient un homme et sa femme ; leur maison, entourée d'une clôture, contenait un puits ou fontaine excessivement profond d'où ils tiraient, pour leur consommation, un abondant approvisionnement de poisson frais. L'existence de la fontaine et de son trésor était tenue secrète ; même les plus proches voisins l'ignoraient, car toute révélation à ce sujet avait été strictement défendue par les pères aux fils dans cette famille, de peur que quelque grande calamité, vaguement prédite, ne se produisît ; et, se souvenant de cette injonction, les possesseurs de la fontaine coulaient une existence longue et heureuse, le poisson frais formant la base de leur nourriture quotidienne.

Mais la femme du descendant de cette lignée (à l'époque où se passe l'histoire) n'était pas très-vertueuse, car elle permettait en secret à un autre homme de partager l'amour qu'elle aurait dû témoigner seulement à son mari, et parmi d'autres faveurs, elle donnait fréquemment à

son amant quelques poissons frais, aliment délicieux dont il n'avait jamais goûté auparavant,
ce qui irritita à l'excès sa curiosité de savoir où
et comment elle se les procurait. Pendant longtemps il ne cessa de le lui demander, mais toujours elle refusait, d'un ton ferme, de le lui dire.

Un jour le mari fut forcé d'entreprendre un
voyage à Ouvinza, et avant son départ il enjoi-
gnit strictement à sa femme de surveiller de près
la maison, de n'y admettre aucune commère,
et pardessus tout de ne montrer la fontaine à
qui que ce fût. Cette Ève africaine promit solennellement de se conformer à ces instructions,
bien que se réjouissant en secret de l'absence de
son époux. Quelques heures après qu'il fut parti,
elle se mit à la recherche de son amant, et
l'ayant trouvé, lui dit : « Vous m'avez longtemps
« demandé où je me procurais cette délicieuse
« chair dont vous avez si souvent fait l'éloge.
« Venez avec moi, et je vais vous le montrer ».

Elle l'emmena donc dans sa maison, malgré
les ordres de son mari ; et là, dans le but d'augmenter l'impression que produirait sur son com-
plice la vue de la fontaine et des poissons qui
s'y jouaient, charmant les regards par l'éclat de
leurs écailles argentées, elle le régala d'abord de
plats préparés de diverses façons, et ne négligea
pas de satisfaire sa soif en lui versant une liqueur
qu'elle fabriquait elle-même. Puis, quand le
Lothario nègre commença à s'impatienter du

délai, n'ayant plus aucune raison de le faire attendre, elle l'invita à la suivre. Un clayonnage de roseaux enduit d'une couche de terre glaise entourait la merveilleuse fontaine ; elle l'écarta, et dans ses profondeurs cristallines son amant aperçut les poissons. Pendant quelque temps, il contempla les brillantes créatures avec admiration ; puis, saisi du désir de les examiner de plus près, il plongea la main dans l'eau pour en attraper une, quand soudain le puits éclata, la terre s'ouvrit, et bientôt un énorme lac remplaça la plaine.

Au bout de quelques jours le mari, revenant d'Ouvinza, arriva en vue d'Oudjidji, et aperçut avec étonnement un grand lac où naguère se trouvaient une plaine et plusieurs villes. Ceci lui prouva que sa femme avait révélé le secret de la fontaine mystérieuse, et que la punition était tombée sur elle et ses voisins à cause de son péché.

L'autre tradition qui m'a été narrée par les anciens d'Oudjidji relate qu'il y a bien des années, si longtemps que personne ne peut dire combien, la Lououégéri, rivière près d'Ourimba, coulant vers l'ouest dans une vallée, fut rencontrée là par le Loukouga coulant vers l'est, et que ses eaux, repoussées par celles de l'autre rivière, s'étendirent sur toute la vallée et formèrent le Tanganika.

Les Ouagoubba ont aussi leur légende, la

voici : Il y a bien longtemps, près d'Ourougou il y avait une petite colline, creuse à l'intérieur jusqu'à une grande profondeur et pleine d'eau. Un jour cette colline éclata, et l'eau s'étendit sur la contrée, qui devint un lac.

Le chef de la tribu habitant à l'embouchure du Loukouga dit que jadis ce lit était celui d'une petite rivière se jetant dans le Tanganika, et qui en recevait beaucoup d'autres le long de son parcours avant d'arriver au lac, mais qu'un jour le Tanganika se trouvant plein et débordant « avala » le Loukouga et fit de lui un petit lac qui, jusqu'à ces deux dernières années, versait pendant la saison des pluies le surplus de ses eaux dans son bassin. Mais depuis 1874 le niveau du Tanganika s'est tellement élevé, que le terrain neutre situé entre l'ancienne embouchure et le Loukouga coulant vers Rua a été inondé, si bien que les deux Loukougas n'en forment plus aujourd'hui qu'un seul. Telles sont les traditions conservées et les renseignements fournis par les naturels.

... Pendant mon voyage au Loukouga, mon guide, qui avait été celui de Cameron, signala divers changements qui s'étaient produits depuis que cet explorateur avait parcouru le lac. Des grèves sablonneuses qui dans beaucoup de cas leur avaient servi à abriter leurs canots des vagues en les y tirant à sec, étaient maintenant inondées et recouvertes de trois à quatre pieds d'eau, des îles s'étaient formées, d'autres se trouvaient submergées, et pour employer les propres paroles du guide : « Le Tanganika avalait vrai « ment la terre très-vite »...

Le chef Kaoué-Nyangé, le même qui prit Cameron dans son canot pour remonter la rivière, fut très-affable ; il se rappelait très-bien l'homme blanc et me parla de quelques-unes des choses étonnantes qu'il lui avait montrées ; mais en terminant son récit, il me dit qu'il ne croyait pas devoir me permettre de remonter le Loukouga, parce qu'il craignait bien que l'autre homme blanc n'eût jeté quelque drogue dans l'eau, car depuis lors le Tanganika avait débordé et inondé une grande étendue de pays. La grève entre son village et Kara était maintenant couverte de vagues blanches en colère, un village de pêcheurs était détruit, et le Mitouansi avait disparu sous l'eau. Si un seul homme blanc pouvait opérer tant de changements dans un pays, que ne pourraient pas faire deux hommes blancs? Néanmoins, au bout de quelque temps, je parvins à rassurer Kaoué-Nyangé, à le faire rire de ses terreurs, et des cadeaux abondants le décidèrent à me servir, lui et ses hommes, de guides aux environs.....

Tout ce que l'on me disait concernant le Loukouga, soit à Oudjidji, soit auprès de son embouchure, ne faisait qu'ajouter à la difficulté de se rendre compte de l'état réel des choses.

Le lieutenant Cameron prétend avoir découvert l'issue du Tanganika, et y avoir constaté un courant de *douze nœuds à l'heure.*

Des Arabes qui ont traversé bien des fois le Loukouga disent qu'il ne sort pas du lac, mais qu'il s'y jette.

Des Ouagoubha de Monyis affirment qu'il y avait deux Loukougas, l'un coulant vers l'est, l'autre venant de l'ouest, et qu'une étendue de terre ferme les séparait.

Rouango, l'un de mes guides, déclarait qu'il l'avait traversé cinq fois, que c'était une petite rivière coulant dans le Tanganika, et que si je trouvais qu'elle coulât dans une autre direction, il consentait à perdre ce que je lui devais pour appointements.

Para, le guide de Cameron, remarquait que l'homme blanc ne pouvait avoir vu l'eau couler vers Rua, puisqu'elle n'y coulait pas.

Un naturel de Tuembo racontait que l'année dernière il y avait deux Loukougas, l'un coulant vers le Tanganika, l'autre vers Rua ; mais que les pluies de cette année avaient réuni les deux rivières en une seule, coulant vers l'ouest.

Kaoué-Nyangé disait qu'il me montrerait une rivière coulant dans le Tanganika, et un peu plus loin une autre coulant vers Rua.

L'un des chefs qui lui obéissent racontait que naguère il existait deux Loukougas, l'un coulant dans le lac, l'autre vers Rua ; mais que les pluies des deux dernières années avaient tellement enflé le Tanganika, que ce lac avait « avalé » le Loukouga qui s'y jetait, et s'était joint au Loukouga coulant vers Rua ; mais que cette union avec le Rua-Loukouga n'était pas constante, qu'elle ne durait que pendant les heures de mousson sud-est, et que chaque aprèsmidi, quand le vent s'était calmé, la rivière retournait au lac comme d'usage.

Enfin je dois mentionner que M. J. F. de Bourgh, qui a dressé pour moi la carte de cette région, a dessiné près de l'endroit occupé par le Loukouga, un petit lac d'où sort une rivière coulant vers le Tanganika. Or, quelle que soit la source où ce monsieur a puisé ses renseignements, il a parfaitement reproduit l'état des choses telles qu'elles existaient il y a peu d'années. Même dans les conditions actuelles, personne n'a absolument raison, personne n'a absolument tort. Les explorations et l'examen soigneux de ce phénomène géographique concilieront toutes ces assertions contraires ; mais sans la carte contenant mon relevé du pays, je désespère de faire comprendre bien clairement ma pensée....

... Il y a environ trois ans, la surface du lac Tanganika, dans le voisinage d'Oudjidji, se couvrit de grandes masses d'une substance étrange de couleur brune ; ces masses rejetées sur le rivage par les vagues furent ramassées, examinées, et causèrent un grand étonnement. Les Ouadjidji les appelèrent « la décharge de la foudre, » et conservent fermement cette croyance. Les Arabes dirent que c'était de la poix, et en recueillirent de grandes quantités. Ayant eu besoin de quelque substance propre à calfater mon bateau avant de partir pour mon voyage d'exploration, on m'apporta de « la décharge de la foudre » ou poix, et je constatai que c'était de l'asphalte, qui s'est très-probablement échappé par quelque fissure du sous-sol ou lit du Tanganika, car sur aucun point de ses côtes je n'ai pu obtenir, après une enquête soigneuse, la moindre information sur sa provenance.

LETTRE XV

DÉCOUVERTE D'UN NOUVEAU LAC : L'ALEXANDRA NIYANZA.

Oudjidji, 10 août 1876.

On prête à Ismaïl, khédive d'Égypte, ce propos narquois : « Tous les voyageurs qui remon- « tent le Nil en reviennent invariablement avec « cette même phrase sur les lèvres: Une nou- « velle source du grand fleuve vient d'être dé- « couverte ». Sans aucun doute, celui qui a le premier imprimé cette plaisanterie croyait que Son Altesse, en disant cela, voulait s'amuser aux dépens des « découvreurs ».

Que ce soit ou non le cas, je dois informer ledit khédive, par l'intermédiaire du *Daily Telegraph* ou du *New York Herald*, qu'il peut se glorifier d'être le souverain d'un cours d'eau dont les nombreuses sources mettent à l'épreuve, encore aujourd'hui, l'habileté, la patience et autres qualités de ceux qui les découvrent ; que son grand fleuve n'a point une, mais plusieurs origines ; que l'un des principaux réservoirs qui l'alimentent fut découvert par James Bruce et appelé le Nil Bleu, qu'un autre fut trouvé par Speke et Grant et baptisé le Victoria, qu'un troisième fut révélé par Sir Samuel Baker et nommé par lui l'Albert Niyanza, mais que ces gentlemen n'ont point épuisé la liste des sources du Nil.

Peut-être Son Altesse s'écriera-t-elle : « Quoi ! encore une autre source ? Est-il possible que ce problème n'ait pas encore été résolu ? Si l'ancien Nilus pouvait répondre, j'imagine qu'il lui dirait : Combien de mes sources ont-elles été découvertes grâce à Méhémet-Ali ou à ses fils Ibrahim et Ismaïl ? Et toi, avec tout ton pouvoir, toi qui avais tant d'intérêt à savoir d'où je viens, quelles eaux je t'apporte pour irriguer tes champs et tes jardins, pour te faire vivre toi et ton peuple, jusqu'où as-tu poussé tes recherches à mon sujet ? Peuple ingrat d'Égypte, lequel d'entre vous a pensé que savoir d'où je venais, pour pouvoir me rendre les honneurs qui me sont dus, était besogne valant la peine d'être entreprise ? Si par faveur spéciale je révèle quelques-uns de mes secrets à des étrangers venus de bien loin, si je leur permets de contempler mes merveilleuses et douces fontaines, leurs rives fleuries, quel honneur t'en revient-il ? Si tu envies leur renommée, viens me chercher, viens reconnaître mes nombreux « *chez moi* » sous l'équateur. »

Si Son Altesse consent à jeter un coup d'œil

sur la carte que je viens de dresser, et à lire les quelques remarques ci-après concernant la rivière connue sous les noms de Kagera, Ingezi, Kitangoule ou Naouarango, elle se rendra compte de l'exactitude de mon assertion...

... Peut-être me demandera-t-on pourquoi j'ai donné au lac et au cours d'eau que j'ai découverts le nom d'Alexandra ? Prévoyant cette question, je m'empresse d'y répondre par avance. Les capitaines Speke et Grant, tous deux officiers anglais, ont traversé la rivière dont il s'agit pendant leur voyage en Ouganda à la recherche de l'issue par où s'écoulent les eaux du lac Victoria. Ce sont donc les premiers Européens qui l'aient vue, et s'ils avaient pu l'explorer comme je viens de le faire, les naturels la leur eussent désignée, elle et le lac d'où elle émerge, sous le nom de « Filles du lac Victoria ». Agissant donc comme Speke l'eût certainement fait, lui qui a baptisé le grand Niyanza du nom de sa souveraine, j'ai cru devoir donner à mes découvertes le nom de Son Altesse Royale Alexandra, princesse de Galles...

... Je dépose donc aux pieds de cette princesse le tribut d'un explorateur, tout ce qu'il a découvert, mesuré et relevé du Nil Alexandra, pour être à jamais associé avec le Nil Victoria.

LETTRE XVI

TERRIBLE ÉPIDÉMIE DE PETITE VÉROLE A OUDJIDJI.

Oudjidji, 13 août 1876.

Il me faut cesser d'écrire des lettres et me hâter de partir d'ici, car les temps sont tristes, bien tristes. Une épidémie maligne y fait rage, dévorant la population au taux de quarante à soixante-quinze personnes par jour. C'est une petite vérole de l'espèce la plus fatale. Peu de gens attaqués par elle ont échappé. Les mêmes influences mauvaises qui nourrissent cette peste développent d'autres maladies : dyssenterie, affections de poitrine, fièvre typhoïde et typhus. Les dates de mes lettres vous indiquent combien de jours il m'a fallu pour les écrire et terminer les relevés dont elles traitent. Je suis rentré de mon voyage de circumnavigation du lac Tanganika le 1ᵉʳ août; nous voilà au 13. Treize jours pour écrire deux lettres! Il est vrai; mais mon temps s'est passé surtout à me démener et à frissonner dans le lit, en proie à des attaques répétées de fièvre.

Quand je descendis de mon bateau, j'appris tout un lot de mauvaises nouvelles. Cinq décès s'étaient déjà produits parmi l'expédition pendant mon absence de cinquante et un jours; six hommes étaient attaqués de la petite vérole; cette terrible maladie courait comme un feu grégeois à travers les maisons d'Oudjidji, aussi bien chez les Arabes que chez les naturels. Frank Pocock avait été trois fois de suite sérieusement malade pendant que j'étais absent, un commerçant arabe des plus influents mourut le jour même de mon retour; Mohammed Ben Gharib, gouverneur d'Oudjidji et l'un des vieux amis de Livingstone, avait perdu plusieurs enfants et voyait mourir chaque jour ses esclaves. Les *pagazis*, ou porteurs, s'enfuyaient en grand nombre de chez leurs maîtres par peur du fléau; enfin, mes messagers, au nombre de cinq, n'étaient pas revenus d'Ounyanyembé, et comme à l'heure qu'il est ils n'ont pas encore reparu, je n'espère plus les revoir. Vous pouvez vous figurer par là le sentiment qui prévalait dans tous les esprits en Oudjidji; c'était celui du découragement et de la terreur, et comme les habitants s'attendaient à deux mois encore de l'épreuve fatale qu'ils subissaient, ceux qui pouvaient quitter cet horrible endroit s'empressaient de le faire.

Quand j'appris ces nouvelles désolantes, je sentis tout de suite la nécessité d'un départ immédiat si j'attachais quelque importance au sort de l'expédition ; mais j'avais aussi mon devoir à remplir envers vous. Les deux lettres que je vous ai écrites peuvent peut-être, si vous êtes exigeants, vous sembler de peu de valeur, mais c'était tout ce que je pouvais faire en de pareilles circonstances. La situation de mes gens est réellement déplorable ; non-seulement leur nombre est réduit, mais mes serviteurs favoris et les plus fidèles parmi ceux encore vivants sont en mauvais état, et seront emportés sans nul doute. Je crois que la seule chose qui a sauvé l'expédition d'un échec complet est la vaccine. Mais j'ai remarqué que beaucoup de mes hommes ont perdu le bénéfice de cette précaution par leur paresse ; quand on les appelait pour les vacciner, ils ne venaient pas. Mon vaccin est tout desséché et perdu maintenant, je ne puis plus en retrouver une seule parcelle pour en faire usage.

Frank Pocock a agi de son mieux envers ses voisins et amis arabes, et ce fut avec une grande satisfaction que j'appris qu'il s'était si bien comporté. C'est certainement le meilleur serviteur que jamais voyageur ait eu. Il est devenu un géographe très-ardent, et n'ayant pas d'autre compagnon avec moi, je lui communique souvent mes pensées intimes et mes espérances. Il ne promettait pas beaucoup au début ; je le croyais d'intelligence lente. Il a, cependant, beaucoup de vertus et pas l'ombre d'un vice.

C'est un jeune Anglais brave, honnête, courageux et patient.

J'ai beaucoup de choses à vous écrire sur mon voyage autour du Tanganika; il a été si intéressant. Je puis dire qu'il est rempli de riches découvertes : magnifiques cascades, points de vue sans rivaux, « hyènes d'eau », baies d'une odeur exquise, — cavernes et habitations souterraines, sans compter les mines de cuivre de Katata et la façon de les exploiter. J'ai entendu beaucoup parler des fameuses maisons souterraines de Rua, et j'ai trouvé ce qui peut être appelé une nouvelle religion parmi les tribus avoisinant le Tanganika. Chacune de ces découvertes, si j'avais du loisir, me fournirait la matière d'une lettre intéressante.

Mais la nécessité d'un départ immédiat est trop urgente; puisque tout retard que j'y apporterais mettrait en danger beaucoup d'existences précieuses. Il va falloir quelques jours pour préparer, assortir et emballer les marchandises après un séjour si long ici; et diverses autres choses de moindre importance doivent être aussi réglées. Peut-être pourrai-je, cependant, vous écrire quelques lignes le jour du départ afin de vous mettre au courant de notre position et de nos projets.

LETTRE XVII

L'ESCLAVAGE EN AFRIQUE; D'OU SE TIRENT LES ESCLAVES, ATROCITÉS.

Nyangoulo, 28 octobre 1876.

Le sujet que je choisis pour en faire l'objet de cette lettre est un de ceux qui intéressent vivement une classe nombreuse de la population anglaise et américaine, ainsi, je crois, que beaucoup d'Allemands. Je parlerai du commerce des esclaves dans l'intérieur de l'Afrique, des gens qui s'occupent de ce trafic et s'y enrichissent. En vous en traçant le tableau qui va suivre, je vous promets de ne pas me laisser entraîner par mes sentiments personnels; je serai froid, précis et littéral, persuadé que la lettre aura plus d'effet que si elle contenait seulement des blâmes et des reproches adressés aux marchands d'esclaves.

On peut voyager longtemps en Afrique centrale, allant de l'est à l'ouest, avant de commencer à éprouver ce violent sentiment d'antipathie pour les marchands d'esclaves si caractéristique chez Livingstone ; car ce trafic, en beaucoup d'endroits, se borne à de petites ventes ou trocs de chair humaine entre Arabe et Arabe. Deux ou trois esclaves, ou une demi-douzaine, ou une douzaine, sont échangés paisiblement suivant que les exigences des affaires ou les besoins de la circulation le nécessitent. Ces quelques esclaves seront peut-être acceptés en paiement d'une dette déjà ancienne, ou sont achetés pour compléter le nombre des serviteurs domestiques. Leur achat ou leur vente s'opèrent d'une façon tellement calme et régulière,. que cela ne soulève guère plus de répulsion que le fait de voir passer un valet du service d'un maître à celui d'un autre.

A Ounyanyembé, peut-être, on pourra voir de temps en temps un spectacle bien fait pour provoquer l'indignation et le dégoût. Mais, pour en être témoin chaque jour, le voyageur doit avoir l'œil perspicace et se donner plus de mouvement qu'il n'est prudent et confortable de le faire dans un pays dont le climat est torride. En Ouganda, où ce commerce s'exerce déjà plus en grand, il conserve néanmoins encore un aspect qui n'a rien de trop choquant, car le souvenir des scènes affligeantes et déplorables qu'il provoque a presque disparu de la mémoire des esclaves quand ils deviennent la propriété des Arabes. Les rois et chefs aux goûts particuliers desquels ce singulier trafic, si développé, doit son importance et son extension, ont depuis longtemps séché les larmes des captifs en cautérisant leurs nerfs et brisant par de cruels moyens tous les liens de sympathie et de senti-ment qui les rattachaient à leur sol natal, si bien que, excepté dans des cas peu fréquents, il ne reste plus à ces infortunés de pleurs à verser ni même la force de gémir quand ils commencent à être conduits en troupeaux vers les comptoirs arabes ou vers la côte.

A Oudjidji, on peut voir un marché à esclaves, non pas un marché central comme à Zanzibar, mais plusieurs étables ou parcs tenus par des métis dégradés ou des Ouadjidji dépourvus de toute morale. C'est là que les acheteurs viennent s'approvisionner soit pour leur service personnel, soit pour le trafic. Les objets de ce trafic, quand on les débarque sur la côte d'Oudjidji, sont généralement dans une condition effrayante, réduits par la famine à l'état de squelettes d'ébène, tellement faibles qu'ils sont incapables de tenir droites leurs têtes larges et anguleuses. Leurs voix ont tout à fait perdu le caractère humain; ce ne sont plus que des plaintes et des gémissements de malades. Très-peu de ces malheureux ont la force de se tenir debout, leur dos représente un arc détendu, avec quelque chose de l'aspect dentelé de l'échine du crocodile. Sur chaque partie de leur corps se lisent les souffrances et les ravages de la faim,

11.

qui a fait d'eux des créatures maigres, décharnées, infirmes.

Je pourrais lancer ici quelque vigoureuse Philippique contre les auteurs de ces crimes, et ils méritent certainement mille fois toutes les injures qui pourraient leur être adressées par moi ou par quiconque, en Europe, est animé d'un sentiment d'humanité; mais j'ai promis d'être froid, précis et littéral. Cependant je dirai que certainement toute la horde de Satan les protége, car ce doit être assurément grâce aux ruses et fourberies de l'enfer et de ses habitants qu'il est permis à la population d'une petite île comme Zanzibar de commettre des crimes qu'aucun État européen ne soupçonne.

Les squelettes vivants décrits ci-dessus sont ordinairement conduits à pied de Maroungou à Ougoubha, et de là à Oudjidji où on les entasse dans des canots. Quand notre expédition traversa Ougoubha, nous rencontrâmes huit cents esclaves, principalement des enfants et des femmes, répondant exactement à la description que je viens de faire. Je ne dois pas dire que ces huit cents esclaves étaient tous réduits par la faim à l'état de squelettes. Il y en avait quelques-uns, peut-être cinquante, qui possédaient encore quelque chair sur les os, mais ceux-là, me dirent les marchands, se soutenaient en mangeant les racines, les baies sauvages, etc., qu'ils pouvaient trouver en chemin. Les canots qui amenèrent l'expédition à Ougoubha retournèrent à Oudjidji avec des cargaisons complètes de cette marchandise. Francis Pocock, mon serviteur européen, avait souvent lu dans les journaux anglais des récits du traitement et de la condition de ces troupeaux de bétail humain ; mais jusqu'à notre arrivée à Ougoubha il ne s'était jamais figuré, disait-il, l'horrible réalité. Le pauvre Frank, obligé de retourner à Oudjidji pour ramener quelques déserteurs, assista bien malgré lui à de terribles scènes, car il lui fallut prendre passage sur un canot lourdement chargé d'esclaves, et dans lequel cinquante petits malheureux qu'on ne pouvait comparer qu'à autant de cochons de lait affamés étaient entassés en masse confuse. Comme le canot resta trois jours en route, les nerfs de Frank furent terriblement torturés.

Ces esclaves sont le résultat profitable d'une guerre systématique faite par des bandits à tous les districts de la populeuse contrée de Maroungou, guerre entretenue directement et indirectement par des ressources arabes. Directement, parce que les Arabes achètent les esclaves pris dans ces guerres et les paient en poudre et fusils qui servent à continuer ce brigandage ; et indirectement, parce qu'il n'existe point d'autres marchés que ceux arabes où les bandits puissent se défaire de leurs milliers de captifs ; autrement il leur faudrait les relâcher faute de nourriture à leur donner.

Ces bandits sont des Ouanyamouézi, armés de fusils achetés à Ounyanyembé et Bagamoyo, et parfaitement au courant du commerce arabe et des marchandises les plus profitables. Ils se rassemblent en bandes dans le but odieux de réduire en esclavage toutes les tribus et peuplades qui se trouvent, faute d'armes ou d'organisation, trop faibles pour leur résister. Aucune contrée n'offre un champ aussi favorable à ces voleurs de femmes et d'enfants que Maroungou, où chaque petit village est indépendant, et généralement en mauvais termes avec ses voisins. A peu près tous les mâles adultes sont massacrés de la plus cruelle façon, et leurs corps sont ensuite coupés par morceaux et accrochés aux arbres le long de la route, afin que la terreur d'un sort pareil rende les villages et districts non encore attaqués plus disposés à se soumettre. Les enfants et les femmes ont trop de valeur pour qu'on les tue, les Arabes étant toujours disposés à les acheter.

Le possesseur de deux cent cinquante de ces pauvres captifs affamés et réduits à l'état de squelettes que nous rencontrâmes au gué arabe en Ougoubha était Saïd Ben Salim, le gouverneur d'Ounyanyembé, le même Arabe qui fut jadis le chaperon de Burton et Speke lors de leur voyage à Oudjidji en 1858-1859. C'était la troisième fournée de cette année 1876 qui avait été ainsi consignée à Saïd Ben Salim, officier au service de Burghash, prince de Zanzibar. J'ai beaucoup réfléchi sur la singularité de ce fait. Le prince Burghash a conclu dernièrement avec la Grande-Bretagne un traité par lequel... mais vous savez bien de quoi il s'agit. Je crois me souvenir qu'il contient, ce traité, prohibition du commerce des esclaves ; et une promesse — une promesse écrite, — de Seyd Burghash fut obtenue à cet effet : qu'il ferait tout ce qui serait en son pouvoir pour arrêter ce trafic. Ne trouvez-vous pas singulier que Saïd Ben Salim, officier au service de Seyd Burghash, soit précisément engagé dans ledit trafic condamné? J'ai dûment médité les excuses qui pourraient être invoquées en faveur de Saïd Ben Salim, telles que les exigences des affaires, les nécessités du service domestique intérieur. Mais, juste ciel ! dans quel but ce gouverneur d'Ounyanyembé a-t-il besoin de cinq ou six cents femmes et enfants esclaves ? Je me sens tenté de dire des choses vigoureuses contre cet homme, Saïd Ben Salim, mais j'en suis empêché par ma promesse de rester calme. Je me contenterai donc de constater que Saïd Ben Salim, d'après ce que je sais et ce que je crois, est l'un des principaux marchands d'esclaves en Afrique, et que ce même Saïd Ben Salim est un officier du prince Burghash. Et chose encore plus singulière, ce Saïd Ben Salim est l'agent dans lequel les autorités de Zanzibar ont le plus de confiance.

Vous remarquerez que cette lettre est datée de Nyangouie en Manycuéma. Bien des gens se rappelleront que Livingstone raconte qu'il fut témoin là de plusieurs scènes atroces « qui lui firent saigner le cœur ». Il en décrit une terrible, dont un métis nommé Tagamoyo était le principal acteur. Quand j'arrivai dans cette ville où les faits que Livingstone relate se seraient passés, je demandai s'ils étaient vrais. « Absolument vrais, » — me dit franchement un naturel de Zanzibar. — « Ah ! M'tagamoyo « n'a pas de cœur ; son cœur est vraiment bien « petit ; il n'est pas plus gros que le bout du « doigt. » Ce qui signifiait qu'il était sans pitié, ne se laissant émouvoir ni par la compassion ni par le sentiment, car d'un homme libéral, juste et bienveillant, on dit qu'il a un gros cœur.

J'ai dit qu'entre Bagamoyo et Ounyanyembé, on ne voit guère que des ventes en détail d'esclaves ; qu'en Ouganda on voit ce commerce s'exercer sur une plus vaste échelle, mais sans beaucoup d'horreurs ; qu'en Oudjidji je vis de grands troupeaux d'esclaves ; et qu'en Ougoubha j'en rencontrai à peu près huit cents, tellement affamés, qu'ils pouvaient à peine se tenir debout. En arrivant en Manycuéma j'arrivai sur l'un des champs principaux où les esclaves s'obtiennent, où l'on peut dire qu'ils croissent et sont fauchés et récoltés ; ou bien, plus correctement, qu'ils sont parqués, tués à coups de fusil

ou capturés, suivant les circonstances; car jusqu'à ce qu'on en ait besoin, on leur permet de
vivre heureux, de prospérer dans leurs petits
villages que rien ne protége, de semer leur
grain, de soigner leurs plantations, d'améliorer leurs demeures et de se quereller entre eux
de cette façon inoffensive particulière à ces sauvages simples et à l'intelligence peu développée,
ce qui ne fait, en somme, de mal à personne.
Quand une demande d'esclaves se produit,
quand le commerce reprend, Moeni Dougambi
de Nyangouie, Mohammed Ben Nassour de Kassessa, Mohammed Ben Saïd de Mama Mamba,
établis chacun à un coin d'un vaste district de
forme triangulaire, convient leurs amis et les
gens qui dépendent d'eux à une chasse de quelques jours, précisément comme un noble châte-
lain, en Angleterre, invite ses amis à venir tirer
chez lui, sur ses terres, le daim ou le coq de
bruyère. Or, dans cette battue générale, il est
comme de juste sous-entendu que tous les
hommes trouvés porteurs de lances ou zagaies
seront considérés comme dangereux et tués à
coups de fusil, pour être ensuite coupés par
morceaux, mais que les femmes, les enfants et
les adultes qui se rendront seront la propriété
des vainqueurs. Le meurtre de ces pauvres gens
dans de pareilles conditions, sur une telle
échelle, est appelé une guerre; et comme avec
vos potentats européens, un motif quelconque

pour déclarer ces guerres où les pertes sont, bien entendu, toujours du côté des naïfs sauvages, est aisément et bientôt trouvé. Les sauvages essaient parfois, à leur façon grossière, d'user de représailles, rarement ils réussissent; mais de là naît un autre grief et une autre guerre.

J'ai là trois petits extraits de mon cahier de notes que je vous prie de publier; n'importe quel Arabe libre ou esclave, habitant Nyangouie, consentirait volontiers à en attester l'exactitude.

« 12 octobre. — Des Arabes appartenant aux « trois districts de Kassessa, Muana Mamba et « Nyangouie se sont organisés aujourd'hui en « troupe d'invasion pour venger le meurtre et la « manducation, par une tribu près de Mana « Mpunda, à moitié chemin de Kassessa et « Nyangouie, de Mohammed in Soud et de dix « hommes. Après six jours de massacre, les « Arabes sont revenus avec trois cents esclaves « et quinze cents chèvres, sans compter les za- « gaies, les pagnes, les escabelles, etc. »

« 24 octobre. — Les naturels de Kabanga, « près de Nyangouie, ont été cruellement tour- « mentés, il y a deux ou trois jours, par une vi- « site que leur firent quelques Ouanyamouézi au « service de Mohammed Ben Saïd. L'insolence « de ces derniers était si grande que les naturels « s'écrièrent à la fin : « Nous ne supporterons pas « cela plus longtemps. Ils vont violer nos femmes

« et nos filles sous nos yeux, si nous hésitons
« encore à les tuer. Tuons-les ! tuons-les ! et
« avant que les Arabes viennent, nous serons
« loin. » Malheureusement, un seul Ouanya-
« mouézi fut tué ; les autres prirent peur et s'en-
« fuirent pour aller soulever les Arabes en leur
« apprenant ce nouveau « grief ». Aujourd'hui,
« M'tagamoyo, « dont le cœur n'est pas plus gros
« que le bout du doigt, » est parti pour Kabanga
« avec une célérité meurtrière, il s'est emparé
« de quinze esclaves, a tué trente naturels et
« incendié huit villages. Les Arabes disent que
« M'tagamoyo n'a fait qu'un très-maigre butin. »

« 26 octobre. — Le lendemain de mon ar-
« rivée ici a été signalé par une attaque de
« M'tagamoyo et de sa bande sur les Ouagenya,
« ou pêcheurs, habitant la rive gauche du Lua-
« laba. Il est parti dans la nuit, et à midi il
« revenait avec cinquante ou soixante femmes
« et quelques enfants. »

— Ces guerres que vous faites aux naturels
sont-elles fréquentes ? — demandai-je à mon
ami Abed Ben Salim.

— Fréquentes ! quelquefois il y en a six ou
dix dans un mois ; — répondit-il. — Ces païens-
là ne veulent pas se tenir tranquilles, ils sou-
lèvent toujours quelque nouveau trouble, mas-
sacrant nos gens partout où ils peuvent en trouver l'occasion. Une petite troupe de cinq ou dix
fusils n'ose plus sortir de la ville pour chasser

du gibier. Nous sommes toujours aux aguets, et, dès que nous entendons parler d'un méfait commis par les sauvages, nous partons tous pour les punir.

La méthode de « punition » que les Arabes ont adoptée en Manyuéma consiste à tirer des coups de fusil sur tout ce qui ressemble vaguement à un naturel armé, puis à se précipiter ensuite le yatagan à la main sur tout ce qui se trouve à leur portée, créatures ou choses, et à leur couper la gorge ou les hacher en morceaux, depuis une femme jusqu'à une gourde vide, depuis une chèvre ou un porc jusqu'à un œuf de poule, à moins cependant qu'ils ne s'en emparent. Quand des sauvages aussi simples que ceux de Manyuéma s'enfuient à moitié morts de peur, terrifiés par le vacarme effrayant de la mousqueterie et le sifflement des balles à leurs oreilles, on doit penser qu'ils laissent derrière eux beaucoup de choses ayant de la valeur aux yeux des Arabes, et que ceux-ci s'empressent de les ramasser.

Le tableau que je viens d'esquisser explique aussi comment beaucoup de misérables métis et d'Arabes qui, à Zanzibar, mouraient de faim, arrivent à commander et à passer en revue des troupes de trois à six cents esclaves armés. Possédant très-peu d'étoffes et de verroteries, ils ne pourraient acheter des vivres pour ces esclaves; mais ils les nourrissent des profits et du butin

de leurs razzias. Ouédi Safeni, l'un des capitaines de notre expédition, me disait pendant
que nous allions de Mana Mamba à Nyangouie :
« Maître, quand je vins pour la première fois ici,
« il y a huit ans, toute cette plaine entre Mana
« Mamba et Nyangouie était tellement peuplée
« que nous voyagions à travers des jardins, des
« champs cultivés et rencontrions des villages tous
« les quarts d'heure. Il y avait des troupeaux de
« chèvres et des bandes de cochons noirs autour
« de chacun de ces villages. On pouvait acheter
« un régime de bananes pour un cauris. Vous
« pouvez voir vous-même ce qu'est devenue au-
« jourd'hui la contrée.. » J'aperçus à perte de
vue un vaste désert. Les quelques districts encore
habités qu'on rencontre, à des intervalles de six
heures de marche, sont toujours sur le qui-vive,
redoutant une attaque imprévue.

Si les Arabes se proposaient de coloniser ce
pays, une telle façon d'agir, de pareilles battues
de gibier humain, seraient jugées une grande
folie ; mais les Arabes n'ont nullement l'intention de coloniser Manyuéma. Ce sont seulement
des résidents temporaires sur un territoire qui
jusqu'à ce moment leur a offert de nombreuses
occasions d'y réaliser des bénéfices colossaux.
En choisissant ce pays pour l'exploiter, les Arabes se sont rendu compte du caractère de ses
habitants, ils ont vu que les naturels de Manyuéma étaient moins capables de leur résister

que n'importe quelles autres tribus africaines. Comme Livingstone était l'un des premiers étrangers arrivés en Manyuéma, il put observer et noter les premiers symptômes et les causes de la dépopulation qui s'y est produite depuis huit années, dépopulation qui va toujours croissant. S'il était possible qu'il pût se lever d'entre les morts et jeter un coup d'œil sur les districts maintenant dépeuplés, il est probable que son cœur serait plus que jamais rempli de tristesse par les méfaits de ces marchands de chair humaine.

Voici huit ans que les Arabes se sont installés en Manyuéma et cependant, bien que leurs esclaves aient fait des progrès vers l'ouest, ils n'ont pu encore découvrir une localité convenable pour le commerce, ou s'assurer un endroit pour y établir un comptoir. Si l'on en croit leurs rapports, les naturels de l'extrême ouest paraissent être excessivement sauvages et belliqueux. Toutes les caravanes — bien que l'une d'elles comptât deux cent quatre-vingt-dix fusils, — ont été contraintes de s'en revenir très-réduites en nombre, racontant de terribles histoires de combats livrés, de siéges soutenus et de souffrances par manque de vivres. On voit par là que les trafiquants arabes, ayant avant tout soin de leur santé, ne se soucient pas de la mettre en danger en faisant des razzias sur de puissantes tribus, et qu'ils leur préfèrent de petites peuplades faibles, que le manque d'organisation et d'union rend impuissantes vis-à-vis d'une troupe compacte de cent hommes armés de fusils.

Manyenéma et Maroungou, malheureusement pour leurs habitants, offraient des occasions favorables dues à des causes locales. Chaque petit village obéissait à un chef particulier, et leur proche voisinage l'un de l'autre engendrait des jalousies et des haines de tribu à tribu ; si bien que, quand les trafiquants arrivèrent, ils furent non-seulement éperonnés par leur avarice qui les poussait à prendre l'offensive, mais chaque chef fit de son mieux pour s'assurer leur appui contre son voisin. Manyenéma est devenu une proie pour les Arabes, et Maroungou est dépeuplé par les Ouanyamouézi dans l'intérêt de ces mêmes Arabes.

Les Arabes achètent des troupes d'hommes dans l'intérieur de l'Afrique, car le trafic de l'ivoire nécessite de nombreux porteurs, et comme il n'est pas toujours possible d'en louer, ils sont forcés d'acquérir des esclaves pour les employer à transporter la précieuse substance jusqu'à leurs ports de mer. Aussi longtemps que l'ivoire continuera d'être un article recherché par le commerce, nous ne devrons pas blâmer très-fort les Arabes d'employer les seuls moyens possibles, à l'heure qu'il est, pour arriver à le recueillir et lui faire gagner la côte. On doit aussi leur rendre cette justice, que dans leur façon de traiter leurs esclaves domestiques ils n'abusent pas avec cruauté de leur pouvoir sur eux. Excepté dans de très-rares circonstances, la condition de ces esclaves n'est guère pire que quand ils jouissaient de leur sauvage liberté. Donc, si les Arabes se contentaient d'acheter des esclaves et n'aidaient en aucune façon à réduire les sauvages libres en esclavage, nous n'aurions guère le droit de nous plaindre d'eux, pourvu que ces achats fussent limités à l'intérieur.

L'accusation que je porte contre les sujets du prince Burghash est qu'en Maroungou, Manyouéma et Rua, ils emploient leur pouvoir à *créer* des esclaves, à capturer de vive force des milliers d'hommes, de femmes et d'enfants, dans le but de les vendre à d'autres Arabes, uniquement pour tirer profit de la vente d'êtres humains arrachés injustement à leurs foyers. Je les accuse d'être engagés dans un trafic particulièrement odieux à l'humanité, trafic fondé sur la violence, le meurtre, le vol et la fraude. Je les accuse d'être engagés dans un négoce qui ne peut être désigné par un autre nom que celui de piraterie sur terre, et doit, conformément à la justice, être aussi punissable que la piraterie sur mer. Je dis que, pendant que toutes les nations dans le monde s'abstiennent de se mêler d'un tel commerce et généralement le condamnent, les sujets du prince Burghash, s'équipant à Zanzibar, Bagamoyo et autres villes ports de mer, s'organisent en nombreuses caravanes dont le principal objet, celui auquel elles consacrent tout leur pouvoir, toutes leurs forces, est de pratiquer un système de piraterie sur terre, d'attaquer les tribus inoffensives et de capturer autant de naturels qu'elles le peuvent, dans le but de les vendre aux Arabes le long de la côte.

Je ne crois pas que le prince Burghash, personnellement, doive être blâmé. C'est sa faiblesse, son impuissance, son incapacité absolue de s'opposer à ce que ses sujets violent toutes les lois divines et humaines, qu'il fallait démontrer. Nous pouvons croire qu'il fait tout ce qu'il peut pour empêcher que ces choses n'aient lieu, pour s'opposer à ce que ce trafic honteux continue et s'étende. Mais il est évident pour moi et pour quiconque vient en Afrique que tout ce qui a pu être tenté, tout ce que l'on tente actuellement dans ce but, n'a pas plus d'action sur cet épouvantable et monstrueux négoce que n'en aura probablement la présente lettre. Je vous l'écris donc seulement parce qu'il est de mon devoir de vous fournir tous les renseignements qui peuvent venir à ma connaissance pendant mes voyages, et aussi parce que peut-être (Dieu le veuille !) elle peut peser — ne fût-ce que du poids d'une plume, — dans la répression de maux aussi criants, aussi affreux.

Ce que j'espère surtout, c'est, avec votre aide, faire réfléchir bien des gens sur ce fait : qu'il existe sur le globe un petit État, à peu près égal en étendue à un comté d'Angleterre, jouissant seul du privilége de s'enrichir par le meurtre en masse, la piraterie sur terre, et le commerce d'êtres humains ; si bien qu'un trafic défendu à toutes les autres nations se trouve furtivement monopolisé, sans que personne s'y oppose, par la petite île de Zanzibar et un peuple aussi insignifiant que les sujets du prince Burghash.

LETTRE XVIII

L'EXPÉDITION VA PARTIR DE NYANGOUIE ; PROJETS DE STANLEY.

Nyangouie, Manyeuéma, Afrique centrale, 30 octobre 1876.

Un jour ou deux avant de partir d'Oudjidji, je vous écrivis pour vous dire que j'étais forcé de renoncer à écrire des lettres afin de me consacrer à mes malades, et tout préparer pour mon voyage eu Manyeuéma. Je perdis huit hommes, et des meilleurs, de la petite vérole ; mais je subis une perte encore bien plus grande le jour où je quittai définitivement Oudjidji, car quarante-trois désertions se produisirent. A un moment je crus même qu'il existait une conspiration ayant pour but de ne pas pousser le voyage plus loin qu'Oudjidji. Il y avait au moins une espèce de panique parmi les gens qui me restaient, car, quand les désertions dont je viens de parler leur furent annoncées, je les entendis se demander l'un à l'autre, avec frayeur, ce que cela signifiait, et je crus découvrir sur leurs visages l'expression du regret de n'avoir pas déserté aussi.

Pour prévenir cette contagion, je fis mettre aux fers trente-deux des plus douteux, et, après avoir embarqué toute ma troupe dans les canots, je contraignis la flottille de partir immédiatement pour Oukangara. Je crois que c'est à cette méthode sommaire et rapide que je dois ce qui m'est resté d'une expédition naguère puissante. Le temps dépensé par moi à explorer et circumnaviguer le lac Tanganika avait servi à démoraliser mes gens. Chaque jour ils écoutaient, bouche béante, les terribles histoires qu'on leur contait sur les cannibales de Manyeuéma, et la peur d'être dévorés les faisait, ces nigauds, frissonner d'anxiété. Avant que j'arrivasse en Ougouhta, et, ma foi, dès que j'eus dit adieu au Tanganika, l'aspect de ma troupe m'amenait presque à croire que j'étais devenu un conducteur d'esclaves. Le camp avait un air de tristesse, chacun était sombre; la gaieté habituelle, les grosses plaisanteries, les éclats de rire, tout cela avait disparu. Beaucoup d'hommes avaient perdu leurs camarades de gamelle et leurs amis, les *mess* n'avaient pas encore été réorganisés, et l'on semblait, dans le camp, se défier l'un de l'autre. Mais à mesure que nous nous éloignions du Tanganika, tous ces sentiments de tristesse et d'inquiétude disparurent, et sous l'influence de marches rapides et pro-

longées, le personnel de la troupe recouvra,
avant que nous n'arrivassions à Bambarré ou
Kabambarré, sa gaieté habituelle; tous en vinrent
à rire de s'être laissés effrayer par les histoires
concernant les cannibales de Manyeuéma. J'ou-
bliais de dire que Kaloulou lui-même était l'un
des déserteurs, mais lui et quatre autres furent
recouvrés par la suite.

Partis de Kabambarré, nous suivîmes la rivière Luama jusqu'à son confluent avec le Lualaba, puis ce dernier fleuve jusqu'à Nyangouie,
où nous arrivâmes dans l'espace exceptionnelle-
ment court de quarante jours, ou vingt-huit
étapes depuis le Tanganika.

Bien que je n'aie pas eu le plaisir de lire le
journal de Livingstone, vous devez, vous, l'avoir
lu. Je ne puis guère espérer ajouter beaucoup,
sur le domaine même du docteur, à ce qu'il a
dit. Je me réserve pour la région inconnue à
l'ouest de Nyangouie; il y aura là des choses
valant la peine d'être relatées, un sol nouveau
et vierge dont aucun des bruits n'a jamais trans-
piré dans le monde extérieur, inconnu même
aux habitants de Nyangouie, contrée que
Livingstone désirait ardemment visiter, ce qu'il
ne put faire, et que Cameron se proposait
d'explorer, ce qu'il n'a pas fait. Cette région est
tout entière enveloppée de mystère; la superstition intense des Africains l'a entourée d'un
linceul d'obscurité imposante et d'effroi res-

pectueux. Elle est peuplée, d'après les histoires qui circulent dans leurs villages, de nains terribles et vicieux, au corps rayé comme celui des zèbres, aux flèches empoisonnées dont la blessure est mortelle; ces nains sont nomades et se nourrissent d'éléphants. Au nord s'étend une grande forêt dont personne ne connaît les limites, et à travers laquelle on peut voyager des jours et des jours, des semaines et des mois, sans jamais apercevoir le soleil, et le grand fleuve Lualaba continue de se diriger au nord, toujours au nord; cependant il est possible, disent les Arabes et leurs esclaves, que le Lualaba arrive à la mer.

Vraiment, après avoir écouté les récits de l'Arabe qui s'est avancé le plus loin vers le nord, je ne suis pas surpris de l'idée fixe de Livingstone : que le Lualaba est le Nil. Cet homme, qui a marché quinze jours à travers Ouregga, déclare qu'il a toujours suivi le Lualaba, et qu'à cette distance ce fleuve décrit une courbe très-prononcée et se dirige vers le nord-nord-est. Comme le témoignage de cet Arabe m'a été confirmé par ses compagnons, je suis forcé d'y ajouter foi; mais il me suggère cette idée, que le Lualaba n'a aucune connexion ni avec l'Albert Niyanza, ni avec le Bahr el Gazelle, ni avec le Nil, mais qu'il continue de couler dans la direction du nord jusqu'à quelque point voisin de l'Équateur, où il est reçu par un fleuve également vaste, ayant sa source dans le Djebel Kumr des Arabes ou les montagnes de la Lune de Ptolémée, qui se dirige alors vers le sud-ouest et se jette dans le fleuve Congo.

Telle est en ce moment mon opinion bien arrêtée, et elle m'a fait apporter quelques modifications importantes au programme de mes voyages futurs. Si cette opinion se confirmait, suivre le Lualaba si loin vers le nord serait mener l'expédition en dehors et au delà de toute aide ou possibilité d'obtenir des vivres. Traverser une distance aussi considérable, impossible à apprécier d'avance, gâterait et détruirait certainement tous les objets quelconques que nous pourrions espérer échanger contre des vivres. Si le but de cette expédition était seulement de traverser l'Afrique, je vous déclare avec la plus absolue confiance que, partant de Nyangouie, je pourrais atteindre San-Salvador en six mois, mais alors je laisserais, comme Cameron, la question du Lualaba juste au point où Livingstone l'a laissée. Si je me dirigeais tout simplement à l'ouest vers San-Salvador, comment pourrais-je prouver que le Lualaba est le Congo, ou que ce n'est pas le Congo, mais le Nil ou le Niger, suivant ce que l'expérience pourra démontrer? Je me trouverais privé de tout droit d'intervenir dans la question, d'être considéré comme capable de confirmer ou de réfuter aucune des théories émises à ce sujet. Ce serait lamentable.

Mon opinion personnelle concernant le Lualaba est que ce ne peut pas être le Nil, en dépit de sa course vers le nord. C'est un fleuve trop important, trop puissant dans ce pays-ci, pour être seulement une branche du Nil supérieur. Je l'ai traversé, je l'ai sondé, j'ai apprécié la force de son courant, déterminé son altitude, je l'ai soigneusement comparé dans ma pensée au Nil adulte, et il est résulté de tout cela pour moi la conviction bien arrêtée qu'il y a assez d'eau dans le Lualaba pour faire trois fleuves comme celui d'Égypte; cependant il pourrait, bien que ce soit fort improbable : en déverser une partie dans le Bahr el Gazelle, c'est improbable parce que ce serait extraordinaire; et pourtant cela pourrait être, puisqu'il existe en Afrique des phénomènes merveilleux qui ne sont même pas soupçonnés par la science géographique. Témoin le Tanganika!

Mais comme ni les conjectures ni les rêves, ni les théories ni les opinions, ne peuvent créer un fait géographique positif, je me propose de m'attacher à suivre le Lualaba, vienne bonne ou mauvaise fortune, et, pour n'être pas repoussé par la force, j'ai recruté du monde pour l'expédition, qui comprend maintenant cent quarante fusils et soixante-dix lances. Les désertions et les décès par la petite vérole à Oudjidji l'avaient affaiblie à un tel point que n'importe quelle peuplade féroce n'en eût fait qu'une bouchée, Tandis qu'avec le renfort que lui apportent les recrues, il faudrait vraiment une puissante tribu pour nous contraindre de revenir sur nos pas. Mais ce que les sauvages ne peuvent faire, la faim le peut, si le Lualaba continue de couler au nord bien après l'Équateur. J'ai d'amples approvisionnements pour six mois; passé cette période, Dieu seul sait ce que nous deviendrons si nous arrivons au confluent de ces deux fleuves: le Lualaba et celui dans lequel il se jette, ayant épuisé toutes nos ressources et ne pouvant nous en procurer d'autres, sans un cauris ou un seul grain de verroterie pour acheter de quoi manger!

Néanmoins, mon tempérament naturellement confiant dans l'avenir me fait entonner ces deux vers de mirliton :

Aie foi dans les cieux, regarde le sort bien en face ;
Tranquille est le cœur, s'il se sent dans la bonne place.

P.-S. — Je laisse deux lettres à vous adressées aux mains de mon ami Abed Ben Salim. Il me promet de les envoyer à la côte orientale d'Afrique à la première occasion. Je n'ignore pas que ces occasions sont fort rares, mais j'espère que vous recevrez mon envoi au moins dans les douze mois.

LETTRE XIX

A PROPOS DE LIVINGSTONE; LES FORÊTS VIERGES AFRICAINES.

Nyangoule, Manyouéma, Afrique centrale, 1er novembre 1876.

Pendant mon séjour à Oudjidji en 1871, Livingstone allumait en moi un ardent désir de visiter Manyouéma quand il se laissait aller à m'entretenir des beautés de ce pays, le dernier qu'il eût traversé. Il en était vraiment enthousiaste. Il parlait de forêts gigantesques, d'une variété de végétation extraordinaire, de points de vue magnifiques : collines boisées, vallons et bassins verdoyants, de tribus aimables et intéressantes, de femmes très-belles, et de beaucoup d'autres choses qui montraient que ce voyageur vétéran avait été impressionné plus qu'à l'ordinaire.

Des informations que j'ai prises à ce sujet, il résulte que son séjour dans cette contrée, comprenant ses pérégrinations çà et là et ses voyages aller et retour à Oudjidji, doit avoir embrassé une période d'à peu près trois années. La distance d'Oudjidji à Nyangouie est d'environ trois cent cinquante milles anglais, que nous parcourûmes en quarante jours, y compris les haltes. J'appris qu'une très-pénible maladie : des ulcères aux pieds, avait contraint Livingstone de résider fort longtemps à Kabambarré. Il semble résulter des récits des naturels qu'il est resté là six mois ou un an. Ce séjour était certes bien assez long pour permettre au vieil et noble explorateur d'étudier à fond les naturels du Manyuéma oriental.

Je n'ai pas le moindre doute que les femmes très-belles dont il me parlait ne fussent celles de Kabambarré. Ces femmes sont, en effet, bien faites, douces et très-aimables, comparées surtout à celles que Livingstone devait avoir vues en Afrique vers 5° de latitude sud. Mais il aurait dû visiter les fières beautés des Ouatousi Oua-nyankou, ou de la race blanche de Gambara-gara. Il se serait alors souvenu des femmes du Manyuéma oriental, seulement à cause de leur gaieté et de leur affabilité. Le voyageur « Daoud » ou David est un personnage bien connu dans cette région, de Nyangouie au Tanganika. Il a produit sur le peuple une impression qui ne sera pas oubliée avant au moins une géné-ration.

L'avez-vous connu ? — me demanda avec empressement le vieux Muana, Ngoï des Luama.

Lui ayant répondu que oui, il s'écria, s'adressant à ses fils et à ses frères : — Entendez-vous ce qu'il dit? Il connaissait l'homme blanc, notre ami. Ah! nous allons entendre parler de lui!

Puis, se tournant vers moi, il me demanda : — N'est-ce pas que c'était un bien bon homme?

A quoi je répondis : — Oui, mon ami, il était bon, bien meilleur qu'aucun autre homme, blanc ou arabe, que vous puissiez jamais rencontrer....

— Ah! oui, vous dites vrai. Il m'a sauvé bien des fois d'être dépouillé par les Arabes, et il était si doux, si patient, il nous contait de si jolies histoires sur le merveilleux pays des hommes blancs! Hem! c'était un bien bon homme, en vérité!

Si le vieux Muana Ngoï avait été capable de parler comme une personne instruite, il m'eût narré, sans aucun doute, les vertus de David Livingstone, mais, peu habile à s'exprimer, à peu près tout ce qu'il disait était coupé de fréquents hem! hem! et d'un mouvement de tête indiquant que les bonnes qualités du grand explorateur étaient fort au-dessus de toute description ou énumération. Il laissait donc, sagement, cette tâche à mon imagination et je l'imiterai, la laissant aussi à la vôtre.

Mais ce qui me frappa, ce qui réveilla tout mon chagrin et toute ma pitié pour Livingstone, c'est qu'il ne paraissait pas conscient de ce fait: qu'il se sacrifiait sans nécessité, et ne consentait pas à tenir compte des ravages de l'âge et de la décroissance de ses forces, l'avertissant pourtant chaque jour qu'il était temps de prendre du repos. Avec le poids de nombreuses années pesant sur lui, la marche la plus courte le fatiguant et le contraignant de faire halte pendant plusieurs jours, de sérieuses attaques de maladie l'épuisant, sans hommes ni moyens d'obtenir une escorte suffisante, Livingstone n'était à la fin de sa vie qu'un vieillard aveugle et infirme allant et venant sans but précis. En mon âme et conscience, et sans que mon admiration et mon amitié pour lui aient été en quoi que ce soit diminuées par les récits des Arabes et des naturels sur son compte, je crois qu'il doit sa mort aux lourdes tâches qu'il s'imposa, et que son plus cruel ennemi fut lui-même...

Je m'aperçois que j'ai longuement parlé de Livingstone, mais les mots Nyangouie, Manyeuéma, Lualaba, ne peuvent dans mon esprit se séparer de son nom. En outre, chaque jour mon ami Abed Ben Salim me parle de lui, et les ruines de son ancienne habitation ici se trouvent à environ dix pas de la mienne.

Dans sa conversation avec moi à Oudjidji, Livingstone faisait le plus grand éloge, d'ailleurs mérité, de presque toute la région à l'ouest des montagnes Goma. C'est en effet une région très-remarquable, plus remarquable qu'aucune de celles que j'ai vues en Afrique. Ses bois, ses forêts, ses jungles, ses buissons, — je ne sais par quel terme particulier désigner la foule de grands arbres s'élevant tout droits d'une impénétrable fourré de buissons, de lianes, d'épines, de gommiers, de palmiers nains, de bambous et d'herbes de toute sorte, — sont sublimes et même terribles.

En vérité la nature ici est généralement ou curieuse ou d'une beauté sauvage. A distance, toutes ces choses paraissent charmantes. Placez-vous sur un point élevé d'où vous puissiez embrasser d'un coup d'œil le paysage : soit sur la crête d'une montagne, le sommet d'une colline ou d'un rocher, et regardant autour de vous, vous serez bientôt séduit, fasciné.

Vous aurez sous les yeux des centaines d'aspects différents, une variété sans fin de crêtes et de chaînes de montagnes, de pics et de cônes, d'accidents de terrain semblables tantôt à des vagues furieuses, tantôt à la surface ondulée d'une mer calme qui s'épand doucement sur la grève, de pentes graduées ou abruptes, de fortifications naturelles, de plateaux et vallées : le grandiose, le pittoresque, y affecteront des formes sans nombre. Vous vous écrierez que vous voyez enfin la splendeur des tropiques, que vous avez pris la nature sur le fait, se jouant dans sa fécondité et prodigue d'inventions. Et par-dessus tout cela elle a revêtu une robe de verdure aux mille nuances, les collines et les montagnes sont en fleur, les vallées et les bassins exhalent des parfums, les rochers sont couverts de guirlandes de lianes, les troncs d'arbres sont tapissés de mousse, des milliers de petits ruisseaux d'eau pure et fraîche coulent et s'égarent, tantôt languissants, tantôt rapides, dans toutes les directions. L'ensemble de ces choses est un exemple charmant, qui réjouit le regard, de la munificence et de la beauté désordonnée de la nature tropicale.

Regardez de plus près et analysez tout cela, vous constaterez bientôt combien la distance est fertile en déceptions. Ces gazons superbes sont durs, hauts et roides ; c'est la copie en miniature de la forêt africaine. Leurs tiges, semblables à des lances, vous donnent quand vous passez au milieu d'elles des coups de couteau, leurs feuilles, épis ou bractées, des coups d'aiguille. Les graminées sont grandes, rudes et solides comme des bambous ; dans ces buissons d'un si joli aspect il y a des épines, et ces épines sont des hameçons d'acier ; le sommet de cette colline peu élevée que vous apercevez au loin est rendu inaccessible par les dards et harpons végétaux. Voyez là-bas sur ce buisson, au milieu d'une pelouse verdoyante, cette glorieuse moisson de fleurs écarlates. Arrêtez-vous, mon ami, avant de vous aventurer à aller les cueillir ! Cette pelouse est une déception, c'est une forêt de grands arbres, ce magnifique et somptueux buisson a près de trente pieds de haut, et les masses de verdure qui garnissent ces dépressions du sol sont d'impénétrables lisières de forêt.

Laissez-moi vous donner un échantillon d'un coin de forêt en Manyeuéma. Vous vous rappelez, sans doute, que notre ami Livingstone était enthousiaste des bois de cette région? Vous craindriez néanmoins, j'en suis sûr, de vous trouver seul la nuit dans leurs imposantes solitudes. Je fis un jour une excursion, une très-courte excursion, dans une de ces forêts vierges à la recherche d'une canne. Il y en a beaucoup, et de fort belles, dans ces bois, comme dans ceux de Malacca. Je rampai d'abord au travers de quelque chose ressemblant à un taillis de noisetiers, puis d'un fourré de buissons où les épines et les palmiers nains abondaient, et j'arrivai à un endroit marécageux où de hautes herbes et des touffes droites et roides de roseaux s'élançaient du sol tourbeux. Me frayant un chemin parmi cette végétation épaisse, j'arrivai à la lisière d'une futaie où de jeunes arbres géants s'étendaient en ligne, pareils à des tirailleurs, en front de la masse dense des Titans qui se dressait solennelle derrière eux. Les jeunes géants ne s'opposant point à mon passage, je continuai d'avancer, sentant mes yeux s'agrandir de plus en plus et l'étonnement m'envahir à la vue de a grosseur énorme, de la hauteur, du nombre, et de l'ordre de bataille serré des monarques de la forêt. Mais j'étais venu chercher une canne ; au bout d'un quart d'heure, j'en aperçus une de la dimension que je désirais et la montrai à mon nègre porte-carabine, qui la coupa.

Pendant que je la taillais de longueur, je sentis que mon esprit, non-seulement était encore sous le coup de l'impression que lui avait causée l'énormité et la grande hauteur des arbres, mais se sentait accablé par la scène. Elle semblait déterminer chez lui un repos pensif, un assoupissement, et bientôt mes mains aussi cessèrent d'agir, pendant que je regardais en haut, les yeux grands ouverts. Je me sentais plus ému que je ne puis l'exprimer par le calme, le silence de mort, régnant au sein de cette masse confuse qui semblait un immense groupe de formes gigantesques, majestueuses, de nuance grisâtre, pareilles à de silencieux fantômes. Je les regardais avec la même émotion que j'avais souvent ressentie en contemplant de très-anciennes ruines ; car c'était aussi de vénérables monuments, témoins du cours des siècles, et susceptibles de m'impressionner plus encore alors que je me trouvais seul au milieu d'eux. Tout autour de moi je n'apercevais que les troncs énormes, silencieux, droits comme des flèches, de ces arbres majestueux. L'atmosphère semblait imprégnée de souvenirs éloquents, bien que muets, d'une histoire ignorée, et en elle je lisais, *j'entendais et je respirais* le récit d'années écoulées, de temps qui ne sont plus.

Pour un moment je perdis toute conscience de mon moi, de mon identité. Il me semblait entendre ces géants de la forêt proclamer leur antiquité, leur grand âge, leur supériorité et leur imperturbabilité. Ils semblaient me dire : « Voici des siècles que nous fûmes semés. Nous « avons poussé silencieux, sereins, et sans que « rien nous troublât. Nous ignorons les luttes, « les débats et les passions de votre monde. « Bien que nés de la terre et nourris par elle, « cependant nous sommes indifférents au sort « des choses sur ce globe. Nous sommes vieux « de cinq cents ans. Où étais-tu, toi, atome de « cette humanité qui s'agite sans cesse et ne « connaît point le repos, quand nous fûmes se- « més? Qui es-tu, si ce n'est un accident pas- « sager, pareil à ces feuilles sèches qui couvrent « nos racines? Pars, va dire aux individus de ta « petite espèce que tu as *vu* le Silence (1) ! »

En vérité, les forêts de Manyuéma sont excessivement solennelles. Des gens ayant pénétré à quelque distance dans leur intérieur m'ont dit qu'elles contiennent un grand nombre de *sokos*. Livingstone m'a appris que ces *sokos* étaient des gorilles. Je n'en ai pas encore vu un seul, j'ai seulement entendu leurs cris rauques dans les bois; mais, d'après la description qu'en font les

(1) Ne dirait-on pas une page d'Edgar Poë?

Arabes et les naturels, je croirais plutôt que ce sont des chimpanzés. D'autres créatures singulières habitent ces forêts; on cite parmi elles des nains sur la taille desquels les récits varient, on l'évalue depuis trente pouces jusqu'à quatre pieds. Ces nains sont évidemment nomades, et le champ de leurs excursions doit être excessivement vaste. On dit qu'ils sont très-friands de chair et se nourrissent de celle de toutes les créatures vivantes, depuis l'éléphant jusqu'au rat. Ils s'attachent plus à la poursuite de l'éléphant qu'à celle d'aucun autre animal, probablement à cause de l'abondance de chair qu'il leur fournit. Leurs armes sont des flèches empoisonnées dont l'effet mortel est tellement redouté par les Ouangouana, que ce peuple a renoncé à toute intention de les tracasser désormais. Pendant mon passage dans la région que je vais bientôt traverser, je m'efforcerai de faire personnellement connaissance avec les sokos et les nains.....

D'ici trois jours, je me propose de partir vers le nord en traversant Ouregga, suivant autant que possible le cours du Lualaba, et de marcher dans cette direction septentrionale jusqu'à complet épuisement de mes ressources et de mes forces.

LETTRE XX

CRI DE DÉTRESSE.

*A n'importe quel gentleman parlant anglais
à Emboma.*

Village de Ni Sanda, 6 août 1877.

Cher monsieur, je viens d'arriver ici de Zanzibar avec cent quinze personnes, hommes, femmes et enfants. Nous nous trouvons sur le point de mourir de faim. Nous ne pouvons rien acheter des indigènes, car ils se moquent des étoffes, des verroteries et du fil métallique que nous possédons. On ne peut acheter aucune provision dans le pays excepté les jours de marché, et des gens mourant d'inanition ne peuvent attendre ces jours-là.

En conséquence, je me suis permis d'envoyer trois de mes jeunes gens, natifs de Zanzibar, avec un jeune garçon nommé Robert Capapil, de la mission anglaise de Zanzibar, avec cette lettre implorant votre secours. Je ne vous connais pas; mais on me dit ici qu'il y a un Anglais à

Emboma, et comme vous êtes chrétien et gentleman, je vous prie de ne pas mépriser ma re-
quête.

Le jeune Robert vous dépeindra mieux notre
triste situation que je ne pourrais le faire dans
cette lettre. Nous sommes dans la plus grande
détresse ; mais si vos secours arrivent à temps,
nous pourrons atteindre Emboma d'ici quatre
jours.

J'ai besoin de trois cents pièces d'étoffe, de
3^m,60 chacune, de la qualité dont vous trafiquez
ici et qui est très-différente de celle que nous
possédons. Mais ce qui vaudrait encore mieux,
ce serait douze à quinze charges de riz ou de
grain, pour remplir immédiatment les ventres
creux de mes hommes, car même avec de l'étoffe
il faudrait du temps pour acheter du grain,
et des gens mourant de faim ne peuvent attendre.

Les approvisionnements doivent nous arriver
d'ici deux jours, ou bien il se déclarera parmi
nous une terrible mortalité. Comme de juste,
je me rends responsable de toutes les dépenses
que pourra vous nécessiter cette affaire. Ce qu'il
nous faut, c'est un secours immédiat ; et je vous
prie d'employer toute votre énergie pour nous
l'envoyer de suite.

Si vous avez pour moi quelques friandises
qu'un homme puisse aisément transporter,
telles que thé, café, sucre, biscuits, je vous prie

de m'en envoyer une petite fourniture à mon compte, et d'ajouter ainsi à la grande reconnaissance qui vous sera due pour l'arrivée en temps opportun des secours pour mes hommes.

En attendant, je vous prie de me croire sincèrement à vous.

H. M. STANLEY,

Commandant de l'expédition anglo-américaine.

P. S. — Vous pouvez ne pas connaître mon nom; j'ajouterai donc que je suis la personne qui a découvert Livingstone en 1871.

H. M. STANLEY.

LETTRE XXI

SAUVÉS !

Banza Mbouko (à deux étapes d'Emboma), 8 août 1877.

Messieurs A. Motta Viega et J.-V. Harrison, Emboma, fleuve Congo.

Messieurs, j'ai reçu votre lettre et elle a été la bienvenue, ainsi que vos secours, qui l'ont été encore davantage. Je suis incapable à présent d'exprimer combien je vous suis reconnaissant. Nous sommes tous si enchantés, si dominés par notre émotion à la vue des provisions exposées à nos regards affamés, à la vue du riz, du poisson et du rhum, et pour moi : pain de froment, beurre, sardines, confitures, pêches, raisins, bière (grands dieux, y avoir pensé précisément !), trois bouteilles de *pale ale !* ainsi que du thé et du sucre, que nous n'avons pu nous empêcher de tomber dessus et de faire fête à ce secours aussi généreux que soudain ; et je vous prie d'attribuer notre défaut de reconnais-

13.

sance apparent à notre gloutonnerie. Si nous ne vous remercions pas suffisamment en paroles, soyez assurés que des volumes ne pourraient décrire ce que nous ressentons.

Pendant les prochaines vingt-quatre heures nous serons trop occupés à manger pour penser beaucoup à autre chose ; mais je puis vous dire que mes gens s'écrient joyeusement, la bouche toute remplie de riz et de poisson : « Notre « maître a véritablement trouvé la mer et ses « frères ; mais nous ne pouvions pas le croire « avant qu'il nous eût montré le riz et le *pombé* « (rhum). Nous ne croyions pas que ce grand « fleuve, le Congo, eût jamais une fin. Mais Dieu « en soit loué à jamais, nous verrons des blancs « demain, et nos guerres, nos tourments, seront « passés ! »

Chers messieurs, bien qu'étrangers les uns aux autres, je sens que nous serons grands amis, et ce sera l'étude de toute ma vie que de me rappeler mes sentiments de gratitude quand j'aperçus vos secours nous arrivant, et que mes pauvres et fidèles serviteurs crièrent : « Maître, « nous sommes sauvés ! Des vivres arrivent ! » Les vieux et les jeunes, les hommes, les femmes, les enfants, toutes ces formes émaciées, exténuées, se soulevèrent et commencèrent à entonner un chant improvisé en l'honneur des gens blancs vivant près du grand lac salé (l'Atlantique), qui avaient écouté leurs prières. Il me fal-

lut courir à ma tente pour y cacher les larmes
qui jaillissaient de mes yeux en dépit de tous
mes efforts pour conserver mon sang-froid.

Messieurs, que la bénédiction de Dieu puisse
vous suivre partout où vous porterez vos pas :
c'est la très-ardente prière de votre tout dévoué,

H. M. STANLEY,

Commandant de l'expédition anglo-américaine.

LETTRE XXII

DÉPÊCHE TÉLÉGRAPHIQUE AU *DAILY TELEGRAPH*
ET AU *NEW YORK HERALD*.

Emboma, sur le fleuve Congo, côte occidentale d'A-
frique, 10 août 1877.

Le 8 du courant, je suis arrivé ici venant de
Zanzibar, avec cent quinze hommes, dans un
état affreux. Nous avons quitté Nyangouie, en
Manyeuéma, le 5 novembre 1876, voyageant par
terre à travers l'Oureggou. Ne pouvant continuer
notre marche à cause de l'épaisseur des forêts,
nous avons traversé le Lualaba, et continué
notre route le long de sa rive gauche à travers
l'Oukousou nord-ouest. Les naturels s'oppo-
saient à notre passage, nous harassaient nuit et
jour; ils tuèrent et blessèrent beaucoup de mes
hommes avec leurs flèches empoisonnées. Notre
lutte dans cette région de cannibales devint
bientôt à peu près désespérée. Nous essayâmes
d'apaiser les sauvages par la douceur et par des
présents. Ils refusèrent nos dons, et prirent
notre attitude patiente pour une preuve de
couardise. Pour rendre notre position encore
plus déplorable, une escorte de cent quarante

hommes engagés à Nyangouie refusa de nous accompagner plus loin.

Sur ces entrefaites, les naturels firent un grand effort pour nous écraser complétement. Nous nous défendîmes ; mais il n'y avait plus qu'un moyen d'échapper à notre malheureuse situation, — à moins d'accepter l'alternative de retourner en arrière et d'abandonner l'œuvre commencée, — c'était de faire usage de nos canots. Bien que sur l'eau nous eussions sur les sauvages un avantage incontestable, néanmoins chaque journée de route ne fut que la répétition du jour précédent. Ce fut un combat désespéré tout le long du fleuve, jusqu'à ce que, luttant et ramant en même temps, nous arrivâmes à une série de cinq grandes cataractes assez rapprochées l'une de l'autre, situées au nord et au sud de l'équateur. Pour les dépasser, il fallut nous frayer un chemin à travers une longueur de treize milles d'épaisses forêts, traînant avec nous nos dix-huit canots et notre bateau d'exploration, échangeant fréquemment la hache pour le fusil quand nous étions attaqués.

Après avoir passé ces cataractes, nous nous reposâmes quelque temps pour nous délasser de la fatigue de traîner nos embarcations sur la terre ferme. A 2° de latitude nord, le grand Lualaba s'écarte de sa direction jusque-là septentrionale pour couler au nord-ouest, puis à l'ouest, puis au sud-ouest. C'est un vaste cours d'eau de deux à dix milles de large, rempli d'îles. Afin d'éviter des luttes perpétuelles et qui nous épuisaient avec tant de tribus de féroces cannibales, il nous fallut pagayer entre les îles jusqu'à ce que, poussés par la faim la plus intense, — nous étions restés trois jours entiers sans prendre aucune nourriture, — nous nous décidâmes à gagner la terre ferme sur la rive gauche du fleuve. Heureusement nous trouvâmes là une tribu ayant quelques notions de commerce. Ces indigènes possédaient quatre fusils provenant de la côte occidentale d'Afrique, et appelaient le grand fleuve sur lequel nous naviguions Ikitou Ya Congo. Nous fîmes avec eux « la fraternité du sang » et leur achetâmes quantité de provisions; puis nous essayâmes de continuer notre voyage le long de la rive gauche.

Trois jours après, nous arrivâmes sur le territoire d'une tribu puissante dont tous les membres sont armés de fusils. Aussitôt qu'ils nous aperçurent, ils mirent à l'eau cinquante-quatre grands canots et nous attaquèrent. Jusqu'à ce que trois de mes hommes fussent tués, je ne cessai pas de leur crier que nous étions des amis et de leur offrir des étoffes. Le combat le plus désespéré que nous eussions soutenu sur ce terrible fleuve eut lieu, s'étendant sur un espace de douze milles. Ce fut l'avant-dernière de nos trente-deux batailles sur le Lualaba.

Ce fleuve, après avoir changé bien souvent de

nom, prend, en approchant de l'océan Atlantique, ceux de Kouango ou Zaïre. Pendant qu'il traverse le grand bassin qui s'étend entre le 26° et le 17° de longitude, il a un cours ininterrompu de plus de quatorze cents milles, avec de magnifiques affluents, spécialement du côté sud. De là, longeant la haute chaîne de montagnes située entre le grand bassin et l'océan Atlantique, il descend par plus de trente cataractes et furieux rapides, et se jette dans le grand fleuve entre les chutes de Yellala et l'Atlantique.

Nos pertes ont été cruelles, et le chagrin que j'éprouvai en perdant mon dernier serviteur blanc, le brave et pieux jeune Anglais Francis Pocock, est encore tout récent. Il périt dans les cataractes de Massassa, le 3 juin dernier. Le même jour, moi et sept hommes fûmes presque entraînés dans le tourbillon des chutes de Moua, et six semaines plus tard, moi et l'équipage tout entier de la *Lady Alice* fûmes précipités du haut des furieuses chutes de Mbelo, dont nous échappâmes seulement par miracle. Kaloulou, mon jeune et fidèle compagnon, est aussi parmi les morts.

De Boma je conduirai l'expédition par steamer à Cabenda, et de là à Saint-Paul de Loanda.

M. Price, de la maison Hatton et Cookson, de Liverpool, vous apportera mes lettres par voie d'Angola.

HENRY M. STANLEY.

LETTRE XXIII

LE LUALABA-CONGO EST APPELÉ A DEVENIR LA GRANDE ARTÈRE COMMERCIALE DE L'AFRIQUE CENTRALE.

Kabinda ou Cabonda, côte occidentale d'Afrique, près l'embouchure du fleuve Congo, 13 août 1871.

M. Thomas H. Price, de la maison Hatton et Cookson de Liverpool, est sur le point de retourner chez lui pour y rétablir sa santé après un long séjour sur la côte d'Afrique, et m'a bienveillamment offert ses services pour emporter en Angleterre toutes dépêches ou lettres que je pourrais avoir pour vous. Je profiterais volontiers de cette occasion, mais je suis si abattu en ce moment, et, je puis le dire, si ému de la vue de visages blancs et des innombrables souhaits de bienvenue qu'on m'adresse, si troublé par les bonnes choses de cette vie dont on me comble, qu'avec le plus vif désir de m'acquitter de mon devoir envers vous, je suis forcé de vous demander de ne pas être trop exigeants envers votre serviteur très-dévoué, mais de lui accorder une semaine pour respirer. Tous les détails importants ou intéressants ayant rapport aux découvertes que j'ai faites à partir de l'endroit où Livingstone renonça à son exploration, je les diffère jusqu'au moment où mes nerfs, si longtemps tendus, se seront un peu calmés.

Je vous envoie des duplicata de lettres écrites à Nyangouie et dépêchées vers la côte orientale d'Afrique par des courriers de Mohammed Ben Saïd en novembre 1876, il y a juste dix mois. Les originaux peuvent n'être pas arrivés en Europe ; dans ce cas, vous pourrez publier les copies.

Je ne puis m'empêcher de vous féliciter du succès complet des explorations de l'expédition anglo-américaine. Les instructions, bien que difficiles à exécuter, ont été fidèlement et littéralement remplies. Ces instructions, je dois vous le rappeler, étaient de compléter les découvertes du capitaine J. Hanning Speke et du capitaine (maintenant colonel) Grant ; de circumnaviguer les lacs Victoria et Tanganika ; et enfin de compléter les découvertes du docteur Livingstone.

C'est avec un sentiment de gratitude intense envers la divine Providence, qui m'a si miraculeusement sauvé, moi et mes gens, des terreurs de l'esclavage, des angoisses d'une mort cruelle dans le pays des cannibales, de cinq mois de labour incessant et de fatigues journalières pour traverser cinquante-sept cataractes, chutes et rapides, qui nous a inspiré un courage suffisant pour résister aux hordes des sauvages, et après trente-deux batailles, nous a ramenés à travers l'Afrique inconnue jusque sur les bords de l'océan Atlantique, que je vous informe que l'œuvre de l'expédition anglo-américaine, œuvre que vous m'aviez chargé d'accomplir, a été exécutée à la lettre. Nous avons cru devoir entreprendre d'autres explorations, mais si nous les avons menées à bien c'est grâce aux moyens que vous aviez mis à ma disposition, et tous les fruits de nos longs travaux vous sont dus.

Si grand que puisse être le nombre des cataractes et rapides mentionnés ci-dessus, nous avons découvert et constaté que la grande voie commerciale à travers le vaste continent africain est le Congo. Heureuse, ce me semble, sera la puissance qui pourra s'assurer d'une localité à l'extrême limite du bas Congo pour y établir un comptoir et installer là des gens, — esclaves affranchis par exemple, — qui aideront à enrichir la puissance elle-même et les pauvres races employées à ce service, et commenceront la rédemption de ce splendide bassin central de l'Afrique à l'aide d'un commerce honnête et légitime.

Autant que j'ai pu m'en rendre compte, j'ai constaté que dans l'Afrique centrale orientale et dans l'Afrique centrale occidentale, deux influences différentes devront être mises en œuvre. Bien que tous les Africains, naturellement, comme sauvages, soient plus à même d'apprécier le trafiquant que le missionnaire, néanmoins le missionnaire serait le plus puissant agent en Afrique centrale orientale, tandis qu'en Afrique centrale occidentale le trafiquant doit précéder le missionnaire.

Les raisons de cela sont évidentes. En Afrique centrale orientale les peuples sont réunis sous de puissants empereurs et rois : par exemple, le grand empire d'Ouganda, dont la population est estimée à cinq millions ; le grand empire de Ruanda, qui se trouve dans le même cas ; l'empire d'Ourondi, trois millions à peu près ; les royaumes d'Ousagara, les deux Ousoui, Onyoro, Karagouie, Ousongora et Oukiriouie ; tous ces empires et royaumes sont gouvernés despotiquement et soumis à la seule volonté de leurs monarques respectifs. Dans ses efforts pour l'amélioration morale de ces races plongées dans l'obscurité, le missionnaire, en mettant en œuvre son jugement, peut bientôt s'assurer le bon vouloir, l'assistance et la protection des pouvoirs suprêmes de ces pays. En Afrique centrale occidentale, du lac Tanganika à l'embouchure du fleuve Congo, les peuples sont groupés en de petits districts, villes ou villages insignifiants, gouvernés chacun par son chef particulier. A mesure qu'il se rapproche de la côte occidentale, l'explorateur n'ose plus continuer de classifier le peuple d'après la méthode habituellement employée en Afrique; les districts sont si petits, la population si grande, le nombre des villages indépendants l'un de l'autre si considérable! Il y a là autant de rois dont le royaume consiste en un lopin de terre de cent acres qu'il existe de fonctionnaires en Grèce : tous animés d'un désir ardent de trafiquer, et se faisant remarquer par leur idolâtrie, leur hostilité l'un contre l'autre, et leur orgueil ridicule. Le goût du commerce et de l'échange est néanmoins universel, comme je pourrai vous l'expliquer dans une autre lettre.

Mettant de côté les services que notre expédition aura rendus à la géographie, la plus grande découverte qu'elle ait faite est celle de ce vaste champ qu'elle a ouvert au commerce du monde entier, et spécialement aux Anglais, aux Français, aux Allemands et aux Américains, aux Anglais surtout, car ils apportent plus d'attention à fabriquer les tissus et marchandises de toute sorte qu'achètent de préférence les Africains sur la côte occidentale. En nombres ronds, — je serai plus exact dans une autre lettre, — vous avez ouvert au commerce une étendue de pays de plus de six cent mille milles carrés, qui est traversée, sur une longueur de près de deux mille milles, par une voie de communication ininterrompue, formée du haut Congo et de ses magnifiques affluents. Il me faudra longtemps pour dresser ma carte, mais je vous promets une

esquisse grossière de cette moitié inconnue de
l'Afrique maintenant révélée pour la première
fois, et vous trouverez, j'en suis sûr, que dans
la présente lettre je n'insiste pas assez sur les
avantages de ce nouveau champ ouvert au commerce. Je vous montrerai, quand j'aurai eu le
temps de mettre en ordre mes notes, combien
nous sommes près d'importants gisements d'or
et de cuivre, et quels produits les négociants pourront obtenir en échange de leurs marchandises.

Pour les personnes qu'intéresse la géographie,
je puis dire qu'à un certain moment je n'eusse
jamais songé que vous pussiez entendre parler
de moi avant 1878 ou 1879. Car mon merveilleux fleuve continuait de couler vers le nord
jusqu'à 2° nord de l'Équateur, décrivant parfois
de grandes courbes vers l'est, si bien que j'en
arrivais souvent à penser que je serais bientôt
dans le voisinage de Djebel Kumr, des Montagnes de la Lune, auquel cas il me faudrait me
résoudre, après avoir atteint 5° de latitude nord,
soit à me frayer un chemin vers Gondokoro à
travers le territoire des féroces Baris, qui com-
battent à l'heure qu'il est contre Gordon Pacha,
soit à continuer ma route vers le nord pour arriver à quelque grand lac ou peut-être, par chance,
au Niger. A l'Équateur, le Lualaba tourna
vers le nord-nord-ouest, comme s'il avait réellement, par quelque voie inconnue, — à moins
que tous les anéroïdes et baromètres soient

inexacts, — une connexion avec l'Albert, et je poussai, — prématurément, — un hourrah pour Livingstone. En effet, cette course vers le nord-nord-ouest ne dura pas longtemps, le Lualaba ne faisait que réunir ses forces pour s'élancer contre une montagne, et là, bien entendu, se produisait la scène la plus désordonnée et la plus sauvage que l'on puisse imaginer.

En ce qui regarde les problèmes géographiques, je me flattais d'avoir résolu tous ceux qui m'avaient été signalés en 1874 quand je quittai l'Angleterre pour venir en Afrique ; mais je crains, à moins que Gordon Pacha et ses subordonnés puissent trancher la question, d'avoir moi-même à indiquer un problème de plus aux personnes en position de le résoudre. Au nord de l'Équateur, pendant que nous descendions le cours du fleuve très-tranquillement, ma foi, tout près de la rive droite, nous arrivâmes soudain au second grand affluent du Lualaba, — d'une largeur de 2,000 mètres à son embouchure, — coulant un peu du nord à l'est. Nous avions de bonnes raisons pour nous souvenir de cette rivière, car vers le milieu de son cours nous avions livré le combat le plus désespéré que nous ayons soutenu. Ce grand affluent m'embarrassa beaucoup. Est-il possible qu'il vienne de l'Albert Niyanza ? Ou bien ce golfe que je découvris par 0°25′ de latitude nord serait-il un lac séparé, donnant naissance à cet affluent du Lualaba? Ou bien encore est-ce tout simplement le *Welle* de Schweinfürth?

Les gens qui n'ont pas bougé de chez eux sont mieux à même que moi de répondre, car j'ignore tout ce que l'on a pu découvrir à ce sujet depuis novembre 1874. Ni lettres ni journaux ne me sont parvenus, excepté quelques *Illustrated London News* que m'a envoyés d'Ismaïlia, au commencement de 1875, le colonel Gordon, et qui me sont arrivés en très-mauvais état, mais ils ne contenaient aucunes nouvelles géographiques. Si Gordon Pacha et ses officiers ont exploré l'Albert Niyanza, comme le colonel de Bellefonds m'a dit qu'ils étaient sur le point de le faire, la question doit être résolue par rapport au lac Albert; mais s'ils ne l'ont pas fait, on peut bâtir là-dessus nombre d'hypothèses. On peut supposer que le lac Albert est peut-être un réservoir non-seulement du Nil, mais aussi du Congo; que le lac Victoria est peut-être dans le même cas...

Une autre chose que je dois vous signaler en passant, sans entrer dans aucun détail (car, je vous l'ai dit plus haut, je vous écris très à la hâte), c'est l'incorrection, ou plutôt l'infâme inexactitude, de ce qui existe de la carte d'Afrique occidentale. Peut-être le géographe qui l'a dressée n'est-il pas à blâmer; s'il peut produire ses autorités et sources d'information, il échappera à l'accusation grave d'avoir basé une grande partie de son travail sur de simples ouï-dire, sans l'avoir indiqué. Je n'ose croire que le capitaine Tuckey soit responsable de ces erreurs. Je les attribuerais plutôt aux trafiquants portugais, qui ne se rendaient probablement pas bien compte de la signification de ces mots : exactitude géographique.

En d'autres termes et pour parler net, rien de ce que l'on voit sur votre carte d'Afrique occidentale dans un rayon de vingt milles est des chutes de Yellala n'est correct. C'est simplement un étalage de noms dont je n'ai nullement entendu parler dans le pays, et une ligne excessivement sinueuse, tortueuse, indiquée par un gros trait noir, qui prétend être le Congo. Nous avons aussi, juste au-dessus des chutes de Yellala, l'indication d'une rivière de quatre à cinq milles de large, avec îles. Je vous démontrerai que tout cela est une pure absurdité ; et quiconque en douterait n'a besoin que de dépenser cent livres (2,500 fr.) pour pouvoir s'en rendre compte par lui-même. En plus de la satisfaction intime que lui causera cette vérification, il aura le plaisir d'une promenade de cinq jours à travers un pays pittoresque.

Vous serez surpris et chagrinés d'apprendre que c'est à ces erreurs sur cette carte que je dois la perte de l'un des hommes les plus sympathiques et les plus braves, Francis Pocock, celle de quinze de mes gens, deux occasions dans lesquelles je l'ai moi-même échappé belle, la perte de douze canots, d'un lot d'ivoire valant plus de dix-huit mille dollars, une révolte de ma troupe, et la ruine à peu près totale de l'expédition, sans compter les membres disloqués, les contusions sans nombre, et une anxiété fatigante qui a fait de moi, à l'âge de trente-cinq ans, un vieillard.

Mais que Dieu, qui nous a tirés « de la « gueule de l'enfer et des mâchoires de la mort », soit remercié, béni ! Nous sommes maintenant saufs, et les négociants de la côte occidentale font tout leur possible pour que nous nous croyions chez nous.

Une soixantaine environ de mes hommes souffrent cruellement du scorbut, d'autres de la dyssenterie ou d'hydropisies, etc. Un jeune garçon est mort en arrivant au bord de l'Océan. Un autre est devenu fou de joie; et moi-même je suis tellement faible et abattu, que je dois de nouveau vous demander de m'excuser pour quelques jours.

LETTRE XXIV

LA MORT DE FRANCIS POCOCK.

Loanda, 1er septembre 1877.

Pour la satisfaction des personnes qui s'intéressaient à Francis Pocock, dont le courage, les vertus et la fidélité au devoir ont formé le sujet de bien des paragraphes dans mes précédentes lettres, je ne puis mieux faire que de donner ici une légère esquisse de son caractère tel que j'ai pu l'apprécier depuis le jour où nous fîmes connaissance jusqu'à celui de son décès.

Pendant les six premiers mois où il devint mon compagnon, il me fit l'effet d'un homme dont les facultés n'étaient pas encore développées. A ce moment-là, du reste, son activité morale ou mentale n'avait guère occasion d'être mise à l'épreuve. Il paraissait timide et réservé, et ne laissait pas soupçonner les qualités qui se trouvaient cachées en lui. Il avait simplement à exécuter des ordres, et le faisait sans mériter beaucoup d'éloges. Ne comprenant pas le langage des gens sur lesquels il lui fallait quelquefois exercer une surveillance ou un contrôle, il se trouvait placé dans une condition désavantageuse ; mais peu à peu il se familiarisa tout à fait avec les idiomes indigènes, et c'est alors qu'il commença à devenir excessivement utile, faisant preuve d'une connaissance parfaite de ses devoirs, de la bonne volonté la plus courageuse pour les accomplir, et d'un véritable dévouement à notre mission. Jusque-là il avait été fréquemment sujet aux fièvres qui sévissent en Afrique sur les personnes non acclimatées, fièvres dont les attaques sont parfois très-pénibles ; mais à la fin sa constitution saine et robuste triompha de toutes les maladies régnantes, et je me flattai de pouvoir présenter à la science et au commerce un jeune Anglais qui serait une véritable acquisition pour les futurs explorateurs.

Pendant ma visite à Mtesa, empereur d'Ouganda, il se trouva placé dans plusieurs situations très-délicates dont il sut se tirer fort habilement. Ce fut après ces derniers trois mois d'absence du camp que Frank commença à me devenir cher. Pendant l'exploration du Nil Alexandra, il eut une autre occasion de se distinguer par sa prudence et son tact. Pendant que j'explorais le Tanganika, mes gens furent attaqués de la petite vérole, ce terrible fléau de l'Afrique, et Frank leur prodigua constamment ses soins. Par le dévouement assidu qu'il leur témoignait dans leur maladie, il gagna l'amitié des Ouanguana et le respect des Arabes d'Oudjidji. Quand nous partîmes pour l'Afrique occidentale, il s'était élevé, par ses nombreuses bonnes qualités et son aptitude à parfaitement apprécier la besogne que nous avions à accomplir, au rang de mon ami.

Depuis cette époque, je ne me hasardai jamais à entreprendre une tâche sans le consulter a fin de savoir ce qu'il en pensait. Il venait fréquemment me visiter dans ma tente, et je ne crois pas qu'il l'ait jamais quittée sans me laisser plus dispos, plus fort et plus confiant. Dans ces conditions il arriva qu'à Nyangouie, avant que je prisse la résolution finale de suivre le cours du Lualaba, nous passâmes, Frank et moi, beaucoup de temps ensemble. La question était : « Dois-je « suivre le Lualaba jusqu'à la mer, ou dois-je « aller seulement jusqu'au Loua, et de là mar- « cher sur Moubouttou ? » Il y avait vraiment beaucoup de questions à décider se rapportant à celle-là. Serait-il possible, avec vingt-trois Sniders et trente-un fusils ordinaires, de nous défendre contre les cannibales, quand un autre explora- teur, avec quarante-sept Sniders, n'avait pas cru devoir entreprendre la tâche ? Avions-nous rai- son de nous lancer dans une aventure si déses- pérée, quand les Arabes s'employaient de tout leur pouvoir à nous démontrer qu'elle était im- possible ?

« Jouons-la à pile ou face, — me dit Frank,

« — face pour le nord, pile pour le sud et Ka-
« tanga. » La proposition fut adoptée ; mais pile
gagna trois fois de suite. Et cependant ni l'un ni
l'autre nous n'aimions guère l'idée que ce serait
la chute d'un dollar qui nous aurait ordonné
d'aller vers le sud ; en outre, cet itinéraire res-
semblait trop à un braconnage sur des terres
bien connues. Finalement, il fut décidé entre
nous de profiter de l'escorte des Arabes pour
nous éloigner de Nyangouie, puis de continuer
notre route seuls et de ne jamais revenir sur nos
pas, quels que fussent les obstacles qui s'oppose-
raient à notre passage, mais de nous précipiter
tête baissée contre toutes créatures ou choses
hostiles à notre arrivée à l'Océan.

La marche à travers les sombres forêts d'Ou-
zimbar et d'Ouvinza avait eu raison de la dernière paire de souliers de Frank, et les miens
étaient aussi fort usés. Les Arabes étaient las de
leur marché et désiraient s'en retourner, mais
une autre convention que nous conclûmes avec
eux les décida à nous accompagner encore un
peu, à traverser le Lualaba, et à tenter de suivre
la rive gauche pendant une courte distance.
Puis ils nous abandonnèrent, et nous reprîmes
notre voyage avec nos gens seulement, sans être
accompagnés désormais d'aucune escorte. Arrivés aux nombreuses cataractes, il nous fallut,
pour les passer, reprendre la route de terre et
marcher péniblement à travers buissons et forêts,

14.

grimper et redescendre des rochers ; sur un pareil terrain, rien de ce que nous pûmes inventer, Frank et moi, pour remplacer ses chaussures, ne durait bien longtemps. Le cuir de nos portemanteaux fut découpé, cousu, raccommodé bien des fois dans le but d'en tenir lieu, mais tout fut inutile ; trois ou quatre jours après, Frank se trouvait aussi peu protégé que jamais. Ses pieds s'irritèrent, les épines et les rochers les blessèrent, si bien que, quand nous arrivâmes à la cataracte de Moua, la trente-cinquième de notre seconde série, il était devenu absolument incapable de marcher, ayant aux deux pieds des ulcères.

Dans ces conditions, le soin de guider la troupe le long des rapides et de choisir les sentiers les meilleurs, les plus praticables, pour haler le bateau et les canots par terre, tout cela m'échut en partage tandis que la besogne de Frank, à partir de ce moment, fut de surveiller les soldats quand ils transportaient les approvisionnements, et de distribuer les rations quotidiennes. Plusieurs fois, en m'acquittant de mes dangereux travaux, je n'avais qu'à grand'peine échappé à la mort. Croyant être sûr que si l'un de nous était destiné à périr, ce serait moi, je m'étais habitué à songer à cet événement, et j'avais rédigé des instructions expliquant à Frank ce qu'il aurait à faire en ce cas. Aux chutes de Moua, comme il ne pouvait, eu égard à ses ulcères, participer au service actif, et qu'il était trop téméraire pour surveiller le passage des canots : besogne qui, pouvant entraîner la mort de beaucoup de monde, demandait la plus grande prudence ; comme il était incapable de suivre la route de terre avec la troupe qui portait les bagages, il fut placé sur la liste des malades avec vingt-cinq Ouanguana invalides, et obligé d'attendre que les porteurs de hamacs vinssent le chercher.

Je citerai maintenant mon journal du 3 juin 1877 :

Ce matin nos gens ont déchargé les approvisionnements et les bagages, et, sous le commandement de Kacheche, les ont transportés par terre à Zinga, éloigné de trois milles, pendant que je tentais avec le bateau et son équipage de franchir deux petites chutes, le Massesse et le Massassa. Nous maintenant très-près de la rive, nous avions ramé pendant trois quarts de mille environ, quand nous fûmes arrêtés par une haute falaise le long de laquelle nous ne pûmes passer, car le flot, repoussé à droite et à gauche par les eaux furieuses de la cataracte, remontait vers nous en vagues profondes qui secouaient le bateau et formaient de dangereux tourbillons. Gouvernant pour nous éloigner du bord, nous luttâmes obstinément contre cette puissante marée, mais sans réussir à avancer. Alors nous pensâmes à essayer de gagner le courant central, qui se précipitait tout couvert d'écume. Nous ne pûmes l'atteindre et ce fut heureux, car le bateau faisant beaucoup d'eau — nous n'avions pu le réparer que très-insuffisamment, — enfonçait déjà sous le poids de celle qu'il ne cessait d'embarquer, et il eût bientôt coulé à fond.

En examinant les rives et l'aspect de plus en plus menaçant du fleuve, je m'aperçus qu'au lieu de descendre le courant en quoi que ce fût, nous avions été imperceptiblement attirés vers les terribles tourbillons formés par la rencontre du fleuve avec le flot repoussé en amont, tourbillons dont les grandes vagues, projetées à droite et à gauche par le *vortex* furieux du tourbillon, luttent contre le torrent réflexe qui se précipite vers le courant avec une force effrayante. Précisément j'aperçus à peu de distance les premiers symptômes d'un mouvement giratoire. Il se produit alors à la surface du fleuve un gonflement convulsif, sorte de cône qui projette ses eaux de toutes parts comme les étincelles d'un soleil de feu d'artifice. Ce cône s'affaisse rapidement, et bientôt les vagues reviennent sur elles-mêmes, commencent à tourner, tourner; un trou profond se creuse au centre, de plus rapide en plus rapide, de plus large en plus large, jusqu'à ce que le fleuve tout entier semble sur le point de ne former qu'un immense tourbillon.

Une douzaine d'expériences m'avaient prouvé

que c'était là un piége mortel, et que, pour lui échapper, il ne fallait plus lutter contre la marée montante, mais fuir immédiatement le péril. D'un mouvement brusque, je mis le gouvernail au point et criai aux rameurs de ne plus s'amuser à vider l'eau du bateau, qu'il fallait faire de son mieux ou périr. Mes préparatifs furent d'ailleurs trop clairs pour ne pas être compris. Je me dépouillai rapidement de mon paletot, de ma ceinture, de mes souliers et de mes chaussettes; car peut-être le tourbillon allait-il nous entraîner. Mon vaillant équipage s'était trop souvent trouvé avec moi au milieu de ces dangers pour ne pas savoir à quoi s'en tenir. Au bout de peu de temps nous vîmes le tourbillon s'entr'ouvrir et bâiller largement à quelques mètres de la proue du bateau; celui-ci hésita un peu sur le bord du fatal cercle, mais une vague bienveillante aida nos efforts désespérés... et nous fûmes sauvés.

Pendant ce temps le bateau s'était à moitié empli d'eau, et voyant qu'il était impossible de continuer notre route dans une embarcation aussi spongieuse, je gagnai la rive avec l'intention de revenir, après un peu de repos, dans un canot; mais tandis que je parlais à Frank, l'équipage du bateau se dispersa, et les autres n'étaient pas encore revenus de Zinga. Comme il était nécessaire que l'un de nous rejoignît rapidement par terre les gens qui transportaient nos approvisionnements, et que Frank était incapable de se mouvoir, pour la première fois je fus contraint de laisser à une autre personne la direction de cette opération délicate : ranchir les chutes.

J'expliquai donc à Manoua, qui était mon principal capitaine, comment il devait procéder : — Vous enverrez d'abord un canot de sauvetage, muni de courtes cordes solidement attachées. L'équipage ramera lentement, cherchant avec soin sa voie jusqu'auprès des chutes ; arrivés là, vous laisserez les hommes juger par eux-mêmes s'ils se sentent de force à mener le canot plus loin. Et par-dessus toutes choses ne vous éloignez pas de la rive, et ne jouez pas avec le fleuve. — Je dis au revoir à Frank, ajoutant que je lui enverrais immédiatement son déjeuner, ainsi que des brancardiers ; nous nous serrâmes la main, et je commençai de suite à gravir le talus de deux cents pieds de haut qui me séparait du camp.

J'avais envoyé le déjeuner de Frank, fraternisé avec le roi de Zinga, et dans l'après-midi, vers 3 heures, j'étais assis sur les rochers, la longue-vue à la main, surveillant le terrible fleuve avec anxiété, car c'était la première fois que je permettais à une autre personne que moi de diriger le passage des embarcations à travers ses eaux désordonnées. Tout à coup un objet long, de couleur sombre, apparut au milieu

dès vagues impétueuses des chutes de Massassa,
à l'endroit où elles se précipitent dans le bassin de Bolo-Bolo. C'était un canot la quille en
l'air, plusieurs hommes se cramponnaient après.
J'envoyai immédiatement deux chefs et dix naturels prendre position près de la courbe que
décrit là le fleuve, et où je supposais que le
courant qui traverse le bassin pousserait l'é-
pave. En même temps, j'examinai la situation
des naufragés. Je les vis s'efforcer de retourner le canot, mais sans y parvenir. Je les vis
monter sur la quille et essayer de pagayer avec
les mains pour donner à l'épave une impulsion qui leur sauvât la vie, car, à moins d'un
demi-mille en aval, mugissait la cataracte de
Zinga.

Finalement, comme ils approchaient de terre,
je les vis sauter dans le fleuve, gagner la rive
à la nage, et bientôt le canot, qu'ils venaient
d'abandonner, fila devant moi avec la rapidité
d'une flèche, et fut lancé par le courant dans
les profondeurs de nombreux tourbillons dans
lesquels il disparut.

Les mauvaises nouvelles voyagent vite. Des
messagers hors d'haleine et livides de terreur accoururent bientôt m'annoncer que onze
hommes s'étaient embarqués dans ce canot, et
que sur ce nombre huit étaient sauvés, trois
étaient noyés. L'un de ces derniers était mon
brave et honnête Frank, cette nature si sympa-

thique ! Francis Pocock, mon fidèle compagnon et mon ami !

Mais, — demandai-je d'un ton sévère au maître d'équipage, — comment Frank se trouvait-il dans ce canot ? Quelle affaire l'appelait, lui boiteux, dans le canot de sauvetage ?

« — Ah ! maître, — répondit-il, — nous n'avons « pas pu l'en empêcher. Il ne voulait pas attendre. « Il disait : « Puisque le canot part pour le camp, « je veux y aller aussi. Je suis affamé et ne puis « attendre plus longtemps ; je ne puis pas mar- « cher et ne me soucie pas qu'on me porte, pour « que les naturels se moquent tous de moi. Non, « je veux y aller avec vous ! » Et, sans écouter Manoua Sera le capitaine, qui voulait lui faire des observations, il s'assit, et nous dit de ramer. Nous traversâmes assez facilement la marée montante, nous suivîmes le courant, et quand nous fûmes arrivés près des chutes, je gouvernai de façon à mener le canot dans un coin abrité pour nous donner le temps de les reconnaître d'abord. Quand j'eus grimpé sur les rochers et regardé, je vis que c'était un mauvais endroit, que l'on ne pouvait pas espérer qu'un canot le passât sans être culbuté ; je retournai vers le « pe- tit » maître et lui dis cela. Il ne voulut pas me croire, mais envoya d'autres hommes voir ce qu'il en était, ils revinrent tous avec la même histoire : que l'on ne pouvait pas franchir la chute en canot. Alors il nous dit que nous avions toujours peur d'un peu d'eau, que nous n'étions pas des hommes. Eh bien! — dis-je, — si vous nous ordonnez de nous lancer, je suis prêt. Je n'ai peur d'aucune eau, mais mon maître sera en colère contre moi si quelque chose arrive. — Lancez-vous, rien n'arrivera, — répondit le « petit maître », — ne suis-je pas là ? — Vous n'auriez pas eu le temps de compter dix, maître, que nous étions tous bien tristes. Les vagues cruelles nous saisirent, nous culbutèrent, nous firent tourner, tourner, nous lançant ici et là, et le vacarme était effrayant. Soudain le « petit « maître » crie : « Attention! cramponnez-vous « aux cordes! » et il arrachait sa chemise quand le canot, qui tournait toujours de plus en plus vite, la proue en l'air, fut attiré, entraîné, au fond, tout au fond du grand trou..... J'étouffais, je croyais que ma poitrine allait éclater, quand nous fûmes lancés de nouveau à la surface et je pus reprendre haleine. Le « petit maître » et deux de nos gens n'étaient plus là, mais peu après je vis le « petit maître » la face en l'air, et sans mouvement. Je m'élançai tout de suite vers lui pour le sauver, mais nous fûmes encore entraînés tous deux dans le trou, et, bien qu'il me semblât que l'eau m'arrachait les jambes, je ne voulais pas céder à l'impulsion. Puis je retins longtemps, longtemps mon souffle et je revins à la surface, mais le « petit maître » était parti pour toujours! Voilà mon histoire, Maître!

Les gens de l'équipage, interrogés séparément par moi, confirmèrent dans tous ses points principaux le récit d'Ouledi.

Ce n'est guère ici la place de longs détails sur Ouledi, mais je ne puis m'empêcher d'y donner quelques louanges à ce jeune Africain. Ouledi est un gaillard de vingt-sept à vingt-huit ans, souple et actif comme un léopard, brave comme un lion. On n'en rencontre qu'un pareil dans cent mille. Je doute que l'on puisse, dans toute l'île de Zanzibar, trouver son égal. Il y a peu d'hommes dans l'expédition qui ne lui doivent pas la vie, qu'il n'ait secourus, ou auxquels il n'ait rendu service. Il était le premier à la guerre, et le plus modeste pendant la paix. C'était le meilleur soldat, le meilleur nageur, le meilleur ouvrier en bois ou en fer, et le plus fidèle des noirs fidèles. C'était certainement le dernier homme au monde qui aurait eu la témérité de tenter un acte aussi désespéré que celui-là : lancer le canot par-dessus une cataracte.

Mais Frank était trop brave, hélas! et il avait pour les dangers en rivière un étrange dédain, ayant été pêcheur sur la Medway depuis sa plus tendre enfance. C'est d'abord à sa témérité, et ensuite à ce que, au moment où il se débattait pour s'élever à la surface, sa tête aura porté contre le canot, que j'attribue la perte d'un aussi habile nageur que Frank Pocock.

Regardant ce soir sa tente vide et ses serviteurs

désolés, et me rappelant ses qualités inestima-
bles, sa douceur extraordinaire, son caractère
patient, son tour d'esprit ingénieux, sa gaieté et
sa tendre amitié pour moi, je me sens incapable
d'exprimer mes sentiments ou de dire combien
ma perte est grande. Le souvenir de ses fidèles
services ne fait qu'augmenter mon chagrin.
Songeant à notre longue camaraderie pendant laquelle nous avons traversé tant de périls, à sa
piété et à sa foi enjouée en une gracieuse Providence, tout cela remplit mon cœur de douleur,
quand je pense surtout qu'il a quitté cette existence si brusquement, et sans avoir reçu la récompense de ses mâles vertus.

LETTRE XXV

AU PÈRE D'ÉDOUARD ET DE FRANCIS POCOCK.

Loanda, 2 septembre 1877.

Mon cher monsieur Pocock, mes dépêches au *Daily Telegraph* vous ont déjà donné, sans doute, une idée de la raison qui m'engage à vous écrire. Le sujet est très-sérieux et bien triste. Dieu m'est témoin que j'eusse préféré que Frank vous racontât ma mort plutôt que d'être contraint de vous écrire à propos de la sienne. Je me rappelle combien je soupirais après ce long, long sommeil dont on ne se réveille point, ce sentiment est encore présent à mon esprit, car nous traversions une période bien troublée, bien orageuse, et la faim, la maladie, avaient détruit toute cette énergie enthousiaste sous l'impulsion de laquelle nous nous étions précipités à travers le pays des cannibales. J'ai perdu beaucoup d'hommes dans nos guerres incessantes avec les naturels ; la maladie et le désespoir en ont conduit beaucoup d'autres au tombeau. De plus, notre travail semblait ne devoir jamais finir, et nul rayon d'espoir ne nous apparaissait. Notre liste de malades devenait de plus en plus longue ; nous arrivâmes à n'avoir que soixante-trois personnes valides. J'avais environ quinze hommes souffrant d'ulcères, dix de dyssenterie et de débilité. Néanmoins, tant que j'eus Frank et l'équipage de mon bateau, je me sentais capable de tout endurer, de combattre les sauvages et de lutter contre les cataractes. Si l'on rencontrait des tribus hostiles, nous passions au travers ; s'il y avait des forêts dans lesquelles il fallait se créer des routes, on les créait ; s'il était nécessaire de traîner nos canots par-dessus des montagnes, on le faisait. C'était seulement une question de temps. Et toujours Frank était de bonne humeur, m'égayait et disait avec moi : « Nous devons le faire et nous le ferons. » Nous eûmes affaire à deux séries de cataractes et rapides. La première consistait en six chutes séparées ; la seconde en contenait soixante-quatorze, avec grands et petits rapides ; sur ce nombre cinquante-sept seulement étaient importantes. Nous en avions déjà passé trente-cinq, il en restait seulement trois qui fussent réellement dangereuses. Ce fut en tentant de franchir la trente-septième — Massassa — que Frank perdit la vie.

La vérité est que Frank a péri par sa propre témérité et son immense dédain pour l'eau. Il avait été placé sur la liste des malades, car depuis dix ou douze jours il se trouvait incapable de remplir ses devoirs, ayant aux deux pieds des ulcères très-douloureux, et un homme dans cette position n'aurait pas dû assumer la responsabilité d'ordonner à des gens valides et en service actif d'exécuter une manœuvre dangereuse, et de le prendre avec eux alors qu'il ne pouvait rien faire pour les aider ou les diriger. Frank était à peine capable de se tenir debout, encore bien moins de grimper sur des rochers pour se rendre compte de la situation et des dangers qu'il y avait à courir. Que fait Frank? Il se traîne sur les genoux jusqu'au canot, le canot de sauvetage, manœuvré par les plus hardis gaillards de l'expédition, commandés par le jeune homme le plus courageux, le plus audacieux, que j'aie jamais connu, et, en dépit de toutes les remontrances du chef et de l'équipage, il leur ordonne de se lancer en avant!

Et cependant Frank serait encore vivant à l'heure qu'il est si, quand la dernière chance de salut s'offrit à lui, il avait voulu réfléchir à sa situation actuelle, à son affligeante et pitoyable situation. Le chef agit assez prudemment en cette circonstance, bien qu'il eût mieux fait d'exécuter à la lettre ce que je lui avais montré lors du passage des quarante et une chutes et rapides où c'était moi qui dirigeais. Il conduisit son canot dans un abri juste au-dessus de la chute et alla la reconnaître, la bien examiner, puis il revint et dit à Frank qu'il était impossible de la franchir, de se lancer par-dessus, que c'était vraiment un très-mauvais en-droit. Frank ne voulut pas le croire, mais envoya les plus jeunes hommes de l'équipage pour exa-miner le terrain et lui faire leur rapport. Ils revinrent disant la même chose, que la chute était très-dangereuse. Je ne doute nullement que si Frank avait pu aller voir lui-même de quoi il s'agissait, il serait tombé d'accord avec eux et se serait rangé à leur avis, mais assis dans son canot, incapable de bouger, il lui avait semblé, pendant qu'on descendait le fleuve pour arriver à l'abri où se tenait le conseil, apercevoir un en-droit calme où l'eau ne se précipitait point et où n'apparaissaient pas de vagues, et, bien en-tendu, il insista fortement là-dessus près de l'équipage. Il paraissait se rappeler ce que je lui avais dit quelques jours auparavant, que toutes les fois qu'on est sur le point de risquer l'exis-tence des autres dans une entreprise dangereuse, il n'est pas loyal de donner l'ordre définitif sans exposer préalablement à ses compagnons tous les dangers qu'il peut entraîner, leur demandant leur avis là-dessus, et s'il est contraire, ne les contraignant pas à y participer. Frank, au mo-ment dont je parle, laissa entendre à l'équipage qu'il connaissait parfaitement celui qui lui avait fait adresser cette observation, et que par consé-quent, ne voulant pas être accusé par moi d'avoir risqué la vie des autres, il ne dirait rien.

— Mais, — demanda-t-il, — dites-moi ce que je dois faire. Je n'ai rien mangé aujourd'hui, et me voilà, boiteux, incapable de me remuer. Voulez-vous me laisser mourir de faim ici?

— Oh! non, — dit le chef. — Je vais vous envoyer tout de suite chercher de la nourriture et des hommes pour vous transporter; dans une couple d'heures ils seront ici.

—Ah! très-bien, — dit Frank, — faites comme il vous plaira; — et il prit l'air de quelqu'un que l'on traite mal et d'une façon désagréable. Puis il ajouta qu'ils étaient toujours effrayés de la moindre petite vague, et d'autres récriminations ne pouvant émaner que d'un homme malade. Le pauvre Frank courait, hélas! de plus en plus à sa perte.

Le chef alors lui répondit : — Petit maître, nous n'avons pas peur du fleuve. Je crois l'avoir prouvé, et si je dis un mot, ces garçons-là me suivront jusqu'au fond de l'eau. Le maître nous a recommandé de ne pas jouer avec le fleuve, de ne pas faire de folies, et s'il était ici, il nous dirait que la chute est dangereuse. Mais si vous voulez prendre sur vous le blâme si quelque chose arrivait, alors moi et mes gens sommes prêts; si nous mourons, nous mourrons, et si nous sommes sauvés, nous serons sauvés.

— Oh! n'ayez pas peur; je prends sur moi le blâme. Il n'arrivera rien. N'ai-je pas bien examiné le fleuve pendant que nous le descondions? Allons, lancez-vous, et partons.

Cinq minutes après ils étaient au milieu de la chute, entraînés dans les profondeurs d'un effrayant tourbillon; et sur les onze hommes qui montaient le canot, huit seulement s'en tirèrent vivants. A un moment on aperçut Frank flottant sur le dos, sans mouvement; le chef s'élança immédiatement après lui, mais, avant qu'il pût l'atteindre, ils furent tous deux saisis par un autre tourbillon, entraînés au fond, là ils pirouettèrent en tous sens sous l'impulsion du mouvement giratoire, qui finalement les lança au loin. Le chef seul reparut à la surface, faible et épuisé.

A vingt milles en aval du fleuve on aperçut le corps de Frank qui descendait le courant, à la grande surprise et terreur des naturels, qui ne pouvaient imaginer d'où venait l'homme blanc; puis ses restes disparurent pour toujours, personne ne les revit plus.

Je vous ai dit tout ce que je sais, et à peu près tout ce qui m'a été raconté, mais comme j'ai proposé au commandant de la *Sea-Gull* (Mouette) et aux consuls anglais et américain de faire une enquête sur les causes de la mort de Frank, vous pourrez en apprendre davantage.

En attendant, cher monsieur Pocock, croyez-moi quand je vous dis que je ressens sa perte aussi vivement que si c'était mon frère. Le chagrin est difficile à mesurer, et il est ressenti par diverses personnes de diverses manières. A l'heure qu'il est, je ne pleure plus, la douleur indescriptible que j'éprouvai quand je n'espérai plus revoir jamais mon aimable et fidèle Frank a perdu de son intensité; mais même maintenant, toutes les fois que le souvenir de ces jours de danger, de désespoir et de mort me revient à l'esprit, je sens mon cœur se briser en me rappelant la perte de Frank. Ma pitié et ma sympathie s'éveillent aussi chaque fois que je pense à vous. Je m'étais tellement flatté d'avance de l'orgueil que je ressentirais quand je pourrais vous dire qu'il n'existait pas dans le monde entier un jeune homme meilleur, plus brave, plus sympathique, que votre fils Frank! Tandis qu'à présent, que puis-je vous dire, vous raconter? seulement la triste, bien triste histoire de sa mort!

Toutes les fois que vous penserez à ce grand malheur, croyez bien que je suis l'écho de votre pensée. Toutes les fois que vous gémirez sur son sort, croyez bien qu'il y a quelqu'un qui gémit avec vous. Toutes les fois que vous le pleurerez, croyez bien que je sympathise sincèrement avec votre douleur.   HENRY M. STANLEY.

P. S. — Je conserverai avec soin les papiers, lettres et journaux d'Édouard et de Frank jusqu'à ce que je puisse vous les envoyer sans danger qu'ils se perdent en route.

LETTRE XXVI

DE NYANGOUIE A L'OCÉAN ATLANTIQUE EN SUIVANT LE COURS DU LUALABA-CONGO.

Loanda, côte occidentale d'Afrique, 5 septembre 1877.

Quand l'expédition anglo-américaine quitta Zanzibar en novembre 1874, le consul anglais venait précisément de recevoir des instructions du lieutenant Cameron à l'effet de lui envoyer ses lettres aux chutes de Yellala, ce vaillant officier ayant l'intention de suivre le Lualaba jusqu'à la mer. A partir du jour où j'appris cela, mon impression fut que la meilleure chose que j'avais à faire était de suivre à la lettre mes instructions, ce qui me mènerait loin de son champ d'exploration, bien qu'il pût m'arriver éventuellement de m'en rapprocher, même de le toucher à un point quelconque. Dans ce but, après avoir exploré le lac Victoria, je partis à la tête de 2,280 hommes pour le pays hostile d'Ounyoro. Une force aussi considérable était nécessaire afin de pénétrer dans la contrée de Kabba Rega, contre lequel Sir Samuel Baker avait fait la guerre, et avec qui Gordon Pacha luttait encore à l'heure présente. Une fois arrivé au lac Albert et après y avoir lancé mon bateau et mes canots, sur lesquels je me serais embarqué ainsi que l'expédition, mes deux mille hommes d'escorte seraient retournés vers l'empereur d'Ouganda, et j'aurais continué ma route en traversant le lac Albert et pénétrant dans la région qui s'étend au delà, dans le but d'atteindre Nyangouie et d'y décider la direction ultérieure de ma course.

Nous atteignîmes le lac Albert en janvier 1876; une fois descendus sur ses bords, nous en relevâmes la latitude et la longitude, nous en déterminâmes l'altitude, etc., et nous essayâmes de compléter nos préparatifs pour le traverser. Nous ne pûmes le faire, car une force tellement considérable se réunissait pour nous punir de notre témérité et pour nous cerner dans cet endroit, que nous fûmes contraints de battre en retraite. De retour à Ouganda, je laissai là notre escorte, et me dirigeai vers le sud par une route parallèle à celle de Speke, mais plus à l'ouest, et arrivai à Karagouie. Je consacrai un mois à explorer le Nil Alexandra, puis je marchai au sud-ouest pour remonter cette rivière jusqu'à sa source. La famine nous força d'abandonner le projet que j'avais formé de pénétrer dans la région sud du lac Albert, au nord du lac Tanganika, et je fus obligé de reprendre encore la direction du sud, qui nous conduisit à Oudjidji.

C'est dans cet endroit que j'entendis dire pour la première fois que Cameron avait abandonné le Lualaba, mais les récits qu'on me fit à ce sujet n'étaient pas très-clairs. Néanmoins, je circumnaviguai le Tanganika et partis ensuite pour Nyangouie avec l'intention, si les bruits ci-dessus ne se confirmaient pas, de pénétrer dans les régions nord jusqu'à Monbouttou, puis de traverser l'Afrique le long de la chaîne de montagnes qui sépare le bassin du Niger de celui du Congo.

En arrivant à Nyangouie, je vis les Arabes qui avaient escorté mon prédécesseur à Outotera, pays du roi Kasongo, et ils me donnèrent d'abondantes preuves que Cameron s'était dirigé vers le sud en compagnie de marchands portugais. Les causes qui l'avaient conduit à abandonner une aussi grande tâche que celle d'explorer le cours du Lualaba, étaient, me dirent-ils, l'impossibilité de se procurer des canots, et le caractère sauvage des tribus habitant les rives du fleuve. Au premier abord je sentis l'orgueil m'envahir à la pensée que je restais seul pour explorer ce champ important d'investigation, mais ma joie se calma quelque peu quand je réfléchis, après avoir écouté les récits des Arabes à ce sujet, que je paierais très-probablement fort cher ce privilége.

A ce moment-là, Frank était devenu un explorateur enthousiaste. L'Afrique lui plaisait, il s'y était acclimaté, son pouvoir de tout endurer était immense, et peu importait quel champ d'excursion je proposais, quel projet je formais, j'étais certain d'avance que Frank approuverait. Un soir, à minuit, nous décidâmes ensemble que c'était notre devoir de tenter l'aventure, et que si nous devions échouer, nous aurions la consolation de ne pouvoir être beaucoup blâmés, puisque nous avions plus de vingt illustres prédécesseurs ayant essayé de pénétrer, partant de divers points, dans la moitié inconnue de l'Afrique, mais qui avaient été obligés de revenir sur leurs pas après un échec.

Les récits concernant le caractère sauvage des naturels et leur cannibalisme, la férocité d'une race de nains, etc., abattirent considérablement le courage de nos hommes. C'est pourquoi, dans le but de les empêcher de déserter, je fis marché avec un grand chef arabe et sa suite pour nous escorter pendant soixante étapes en suivant les bords du fleuve, pensant que, au cours d'un aussi long trajet, nous rencontrerions certainement, soit à l'ouest, soit au nord-est, quelque tribu amie. Cette addition à notre force redonna confiance à mes gens, et le 5 novembre de l'année dernière nous quittâmes Nyangouie. Nous ne pouvions nous faire aucune idée de cette étrange, mystérieuse et inconnue moitié de l'Afrique dans laquelle nous entrions. Tout ce que nous en entendions dire ne pouvait que nous décourager et nous intimider : nains terribles, cannibales féroces, flèches empoisonnées, naturels perfides, forêts éternelles, fleuve impétueux que beaucoup de gens croyaient n'avoir point de fin. Tout ce que nous savions se réduisait à ceci : que notre but était louable, notre cause bonne, que nous ne voulions de mal à personne, et que nous étions disposés à être charitables, à pardonner à nos ennemis, même s'ils nous serraient de près.

Hélas ! la forêt à travers laquelle nous voyageâmes pendant trois longues semaines ne nous prouva que trop bien qu'Ouzimba et l'Ouregga méridional n'étaient rien autre chose qu'un immense, épais et sombre fourré, infesté de gens excessivement mal disposés. La tâche de chaque jour était un pénible travail diplomatique ; nous nous employions de toutes nos forces à maintenir la paix, heureusement nous y réussîmes, non pas à cause de notre diplomatie seule, mais plutôt parce qu'on craignit que nous pussions nous montrer trop puissants. Cette forêt si longue, si épaisse, si triste, et les terribles tracas et inquiétudes que chaque jour de marche à travers cette lugubre région provoquait, découragèrent notre escorte arabe. Ceux qui la composaient parlaient de s'en retourner. Cela me plongea dans un nouveau dilemme que je n'avais guère prévu ; mais, incapable de résister à la fascination qu'exerçait sur mon esprit cette contrée inexplorée et sauvage, je proposai de nous rapprocher du fleuve, de le traverser, et d'essayer de suivre sa rive gauche. Après une longue délibération et beaucoup d'arguments pour et contre, la proposition fut acceptée, et nous rejoignîmes le fleuve par 3° 35′ 17″ de latitude sud, juste à quarante et un milles géographiques nord de Nyangouie.

Nous commençâmes par monter notre fidèle bateau la *Lady Alice*, et au bout de deux heures il fut lancé pour la première fois sur le Lualaba. Ma tente fut dressée près de là, sur un confortable lopin de moelleux gazon d'où je pouvais contempler le fleuve majestueux et calme, ainsi que mon pittoresque entourage : îles perpétuellement verdoyantes, longs murs noirs formés de grands arbres s'étendant à perte de vue. Ce fut là que fut prise la résolution de ne jamais abandonner le Lualaba jusqu'à ce qu'il nous eût révélé où il allait, où il aboutissait. Je rassemblai tous mes hommes et l'escorte arabe, et, leur montrant le grand fleuve, je leur dis, — car la vue de ce cours d'eau mystérieux m'avait enflammé d'un ardent enthousiame :

— Ce vaste fleuve a coulé ainsi, depuis la création, à travers les contrées sauvages et inconnues qui s'étendent devant nous, et nul homme, qu'il soit blanc ou noir, ne sait où il va ; mais je vous dis solennellement que je crois que le Dieu unique a voulu que cette année ce fleuve soit exploré dans toute sa longueur et devienne connu du monde entier. Je ne sais pas ce qui nous attend. Nous pouvons rencontrer des peuples très-méchants, nous pouvons souffrir de la faim. Nous pouvons mourir. Nous sommes dans les mains de l'Éternel. J'espère que tout se passera pour le mieux. Comme nous ne venons pas pour guerroyer, nous pouvons faire fraternité avec les gens que nous rencontrerons; nous avons assez de marchandises, en les ménageant afin qu'elles nous durent longtemps, pour acheter et payer l'amitié des chefs. Vous devez donc, mes compagnons, vous mettre bien dans l'esprit que je ne suis pas disposé à quitter ce fleuve jusqu'à ce que j'atteigne la mer. Vous m'avez promis à Zanzibar, il y a deux ans, de me suivre partout où j'aurais besoin d'aller pendant deux ou trois années. Nous avons encore un an devant nous, mais je vous promets que nous atteindrons la mer avant que l'année soit écoulée. Tout ce que vous avez à faire est donc de dire : Au nom de Dieu ! et de me suivre !

Les jeunes hommes, au nombre d'environ cinquante, s'avancèrent vivement et s'écrièrent : « Au nom de Dieu ! » ajoutant : « Inshallah ! « Maître, nous vous suivrons, et atteindrons la « mer ! » Mais les plus âgés avaient de mauvais pressentiments, et secouaient la tête gravement.

Nous fîmes bientôt connaissance avec la pire

tendance de naturels de cette région ; ils ne tardèrent guère à manifester envers nous leurs
instincts sauvages. Après cinq ou six heures de
pourparlers ils consentirent à faire la fraternité
du sang avec un chef blanc, mais le chef blanc
devait se rendre, accompagné seulement de quelques hommes, dans une île située au milieu du
fleuve. Frank Pocock se proposa pour subir les
dégoûtantes cérémonies en question dans l'intérêt de nous tous. Je le conduisis dans l'île, lui
et dix hommes armés de revolvers (des fusils
pouvaient exciter les soupçons) ; et je pris position sur la rive droite du fleuve avec trente
hommes armés, pour être tout prêt si les naturels avaient quelque intention perfide.

Il n'y avait pas une heure que nous étions là
quand nous remarquâmes des signes de grande
surexcitation dans le voisinage, et entendîmes
des clameurs violentes, des cris de guerre particuliers. Immédiatement nous fîmes force de
rames vers l'île, où nous vîmes environ trente
canots chargés d'hommes, plusieurs de ces derniers se tenant debout comme sur le point de
lancer leurs zagaies. Notre soudaine apparition,
néanmoins, les dispersa, et nous apprîmes par
Frank que leur contenance n'avait été rien
moins qu'amicale. Cependant rien de fâcheux
ne s'était produit, si ce n'est que les naturels,
en poussant leurs cris de guerre, avaient alarmé
les sauvages habitant en aval du fleuve, et poussé

ces gens, qui sans cela auraient peut-être été disposés à nous bien accueillir, à prendre l'offensive. Nous étions trop puissants pour qu'on nous attaquât ouvertement, car nos forces réunies s'élevaient à cinq cents combattants environ ; et aussi longtemps que les riverains se contenteraient de pousser des clameurs et de gesticuler d'une façon plus ou moins hideuse, aucun mal n'en résulterait pour nous ni pour eux, car nous ne comptions pas répondre à ces démonstrations hostiles.

Comme nous en étions convenus, nous traversâmes le Lualaba et arrivâmes sur sa rive gauche ; après une courte halte, nous nous formâmes en deux divisions, qui suivirent l'une par terre, l'autre par eau, le cours du fleuve. Dès ce jour-là nous nous trouvâmes séparés ; la troupe qui suivait la voie de terre éprouva de nombreuses difficultés, s'égara, et nous, ignorant la cause de sa disparition, nous descendîmes le Lualaba jusqu'à la rivière Riouki, et campâmes au confluent de ces deux cours d'eau.

Deux jours se passèrent, et toujours pas de nouvelles de l'autre division. Inquiet de son sort, je remontai la rivière Riouki pendant environ vingt milles, laissant vingt-cinq hommes et jeunes garçons pour garder mon petit camp. Après avoir exploré les bords de la rivière Riouki pour tâcher d'y découvrir quelques traces, mais sans résultat, je revenais sur mes pas quand nous entendîmes des coups de fusil, et comme nous pensions qu'ils annonçaient l'arrivée au camp de la troupe que nous cherchions, nous fîmes hâte pour lui souhaiter la bienvenue. Notre étonnement fut très-grand d'apercevoir l'étroite embouchure du Riouki bloquée par de nombreux canots chargés de sauvages, et surtout d'entendre une vive fusillade, comme si la situation de notre petit camp et de ses défenseurs eût été désespérée. Nous poussâmes de grands cris pour attirer l'attention des sauvages, et l'effet en fut immédiat, car les canots disparurent immédiatement en aval du Lualaba.

Une fois arrivés au camp, nous nous félicitâmes d'y trouver tout en bon état, bien que sa position pendant quelques instants eût été dangereuse, puisque la petite troupe qui le gardait avait laissé les sauvages s'approcher jusqu'à cinq pas avant de se décider à faire feu. Les zagaies et bâtons pointus lancés dans le camp avaient été si nombreux, qu'on en ramassa plusieurs brassées. Ce fut notre première aventure guerrière sur le Lualaba, notre initiation aux luttes contre les sauvages le long du grand fleuve. Les naturels pouvaient revenir en plus grand nombre que jamais, et s'ils nous attaquaient avec audace et habileté, il en résulterait notre destruction complète. Il était donc indispensable de nous remettre en communication avec la division de terre, dont nous n'avions eu aucunes nouvelles depuis deux jours. Cinq hommes de l'équipage du bateau se proposèrent pour partir à pied à sa recherche. Après plusieurs heures de marche pénible à travers les buissons épais, ils trouvèrent un sentier à peine tracé qui les conduisit vers les éclaireurs de la troupe, et avant la nuit nous eûmes la joie de la voir reparaître.

Deux journées de marche au nord du Riouki nous menèrent à des cataractes : les chutes d'Oukassa. Les Arabes et mes gens en furent contents, ils semblaient croire que cela me forcerait certainement à abandonner ce voyage insensé, car ils avaient précédemment, eux, énormément souffert en essayant de passer des cataractes. Vous vous rappelez peut-être que Livingstone disait « n'avoir aucune intention de tenter cet « exploit téméraire » et aucun désir de devenir « de la viande pour les nègres. » Cette phrase était écrite par lui au moment même où les Arabes de Nyangouie déploraient la perte de trente hommes, de trois grands canots et de beaucoup d'objets de valeur, qui avaient été entraînés dans une chute située à quinze milles en aval de Nyangouie.

Je pris avec moi dix hommes de l'équipage du bateau, et nous suivîmes la route de terre, où presque immédiatement nous faillîmes tomber dans une embuscade. Mais nous étions aussi « gens de buisson », peu faciles à surprendre

Nous explorâmes les bords du fleuve et examinâmes les chutes. De retour au camp pour commencer les opérations, je fus étonné d'apprendre que deux de mes capitaines, ainsi que deux soldats, avaient pris la résolution désespérée d'explorer les rapides par eau, et que dans cette tentative leur canot avait été entraîné par le courant, précipité la quille en l'air et absorbé par un tourbillon dans lequel ils avaient disparu. C'était une terrible nouvelle. S'ils avaient échappé au tourbillon, ils ne pouvaient se soustraire à la flotte de canots rassemblée au pied des chutes pour nous disputer le passage du fleuve. Suivi de cinquante hommes, je retournai immédiatement sur mes pas à travers le fourré pour leur venir en aide, et nous arrivâmes heureusement à temps pour les sauver. Le courant du fleuve les entraînait ainsi que le canot renversé, l'un des capitaines se défendait à l'aide de son revolver, car les Sniders étaient tombés à l'eau, à l'exception d'un seul qu'on avait eu la précaution d'attacher dans le canot. Je pensai que tout cela résultait d'un véritable excès de zèle, et j'informai ces explorateurs trop ardents que, la première fois qu'il leur arriverait désormais de désobéir à mes ordres, on les abandonnerait à leur sort; mais cette menace était à peine nécessaire, car le péril auquel ils venaient d'échapper en frisant la mort de si près fut suffisant pour les dégoûter de se livrer à de nouvelles investigations pour leur propre compte.

En dépit des prévisions et des espérances de notre escorte arabe, nous passâmes les chutes d'Oukassa sans pertes, en laissant simplement le courant entraîner les canots par-dessus les cataractes, et les rattrapant comme ils flottaient en bas. Cela se fit si promptement que les naturels n'eurent pas le temps de nous disputer le passage, car, avant qu'ils fussent arrivés au bord du fleuve, notre division navale s'était déjà installée dans le bateau, dans les canots, et nous formions une ligne de bataille compacte, la division de terre protégeant notre flanc gauche. Les naturels ne nous attaquèrent point, nous pûmes passer au milieu d'eux sans tirer un seul coup de fusil, mais ils firent la sourde oreille à toutes tentatives de conciliation et refusèrent les cadeaux qu'on leur offrit.

Le 6 décembre nous arrivâmes en Ouasongoro Meno, contrée fort vaste, occupée par une puissante tribu. La tendance belliqueuse des naturels sembla s'accroître. Aussitôt qu'ils nous aperçurent sur le fleuve, ils arrivèrent avec des démonstrations farouches, montés sur quatorze grands canots. Nous n'en avions, nous, que six et le bateau la *Lady-Alice.* Je dis à un Arabe qui, se trouvant indisposé, était devenu ce jour-là notre « passager », de leur parler un langage amical, de leur expliquer qui nous étions, ce que nous venions faire, de leur dire que nous étions riches, que nous pouvions et voulions bien payer un droit de passage.

Après un quart d'heure de ce verbiage débité au milieu du fleuve, la réponse nous arriva sous forme d'une grêle de flèches empoisonnées qui tombèrent à peu de distance de notre bateau. Bien que nous eussions dix-huit malades de la petite vérole gisant dans les canots, nous fîmes sur ceux des sauvages une charge à fond, et nous nous frayâmes un chemin au travers. La troupe de terre fut aussi attaquée dans les buissons, plusieurs hommes furent blessés, car ils s'étaient aventurés trop près de la contrée qu'habite la belliqueuse tribu des Bakousou, dont la seule industrie, le seul négoce, est la guerre sur une grande échelle. A ce moment-là, la petite vérole faisait rage dans notre escorte arabe; dix-huit décès s'y produisirent dans l'espace de deux ou trois jours. La dyssenterie nous attaqua, ainsi que des ulcères empêchant beaucoup d'hommes de marcher, à ce point que le bateau et les canots devinrent bientôt de simples ambulances flottantes. C'est dans cet état que nous arrivâmes à Vinya Njara, situé à cent vingt-cinq milles géographiques nord de Nyangouie. Ce jour-là encore le courant du fleuve nous avait entraînés bien en avant de la division de terre, qui ne pouvait guère nous rejoindre avant deux jours.

Aussitôt arrivés à Vinya Njara, nous fûmes

attaqués; un de mes hommes fut tué, d'autres blessés; et nous avions soixante-douze malades de la petite vérole! Nous nous précipitâmes dans les buissons avec une énergie désespérée, et en peu de temps nous eûmes nettoyé les alentours du camp. De retour, nous travaillâmes de suite à le mettre en état de défense, et pendant que des tirailleurs faisaient bonne garde alentour, nous abattîmes tous les buissons à la distance de deux cents mètres. Toute la nuit des flèches empoisonnées volèrent autour de nous, on les entendait frapper les arbres et les huttes : sensation peu agréable, et de temps en temps quelque tirailleur au guet éveillait les échos de la nuit par le son bruyant de sa carabine, mais sans qu'aucun ennemi fût touché.

Le lendemain de bonne heure nous allâmes occuper la ville de Vinya Njara pour abriter dans ses maisons nos malades et nos blessés, et le jour se passa à repousser les attaques et à nous fortifier dans cet endroit. Pendant quarante-huit heures nous fûmes assaillis par terre et par eau. La contrée tout entière se souleva contre nous. Un grand nombre de canots arriva d'Oua-songora Meno pour nous combattre; et les guerriers de Bakousou furent invités par ceux de Vinya Njara à entrer sur leur territoire et à venir « nous manger ». Ces archers grimpaient sur de grands arbres, et toute personne se montrant dans les larges rues de la petite ville devenait immédiatement une cible pour leurs flèches. Nous ne pouvions ni enterrer nos morts, ni soigner nos blessés en proie au délire.

Le matin du troisième jour la division de terre nous rejoignit et les choses s'améliorèrent; mais une grande force de Ouasongora Meno, avec quarante ou cinquante canots, se trouvait alors réunie sur une île de notre voisinage dans l'intention de s'emparer de notre bateau et de nos canots. Il était nécessaire de les punir; j'ordonnai donc et dirigeai en personne une expédition de nuit pendant laquelle nous coupâmes les attaches de leurs canots et les vîmes s'en aller à vau-l'eau, non toutefois sans nous être emparés de quelques-uns des meilleurs.

Le lendemain matin je partis pour visiter les Ouasongora Meno dans l'île. Mais, s'étant déjà rendu compte de leur situation, ils s'étaient enfuis sur trois ou quatre canots que nous n'avions pas aperçus la nuit précédente, et nous échappèrent. Je m'occupai ensuite des Bakousou et de leurs amis, ils furent chassés des bois avoisinants; si bien que pendant les dix jours qui suivirent, nous pûmes prendre du repos. Sur ces entrefaites les naturels nous firent des propositions de paix que nous acceptâmes avec plaisir.

C'est là que notre escorte arabe, après nous avoir accompagnés jusqu'à cent vingt-cinq milles de Nyangouie, nous quitta. Elle avait déjà exigé

que les naturels lui laissassent la route libre.
Le moment de son départ fut pour moi une
source d'anxiété, car je craignais qu'il ne se
produisît une révolte parmi ma troupe, mais
mes jeunes hommes étaient fidèles et trop
bien dressés pour m'abandonner dans ce moment critique. Je m'assurai aussi de mes capitaines, et des présents furent distribués à
tous mes gens. Ils s'écrièrent : « L'homme
« blanc à la main ouverte est notre père. Il
« nous a toujours conduits sains et saufs à tra-
« vers beaucoup de dangers et de tracas, et, s'il
« plaît à Dieu, nous le conduirons, nous, vers
« ses frères blancs du bord de la mer. Il y a
« maintenant près de sept ans que nous le con-
« naissons, et sa main était toujours ouverte.
« Nous avons été fidèles au voyageur avancé en
« âge qui est mort en Muilala, et de même nous
« serons fidèles à celui qui nous a menés à travers
« Tourou et Ounyoro, et autour des grands
« lacs. »

Le 28 décembre l'expédition fut passée en revue, elle comprenait cent quarante-six personnes,
hommes et femmes, et chacun répondit à l'appel de son nom. Aux sons de l'émouvant chant
d'adieu des Ounyamouézi nous prîmes place
dans les embarcations, qui se rangèrent en ligne
au milieu du fleuve, mon bateau en tête. L'influence de ce chant, dont les accents sauvages,
les notes étranges, se faisaient entendre au loin,

et nous arrivaient apportés par la brise, se trouva trop forte pour mes gens; ils fondirent en larmes comme s'ils avaient eu le cœur brisé. « Enfants de Zanzibar, m'écriai-je, dressez la « tête. Criez: Bismillah! plongez vos pagaies « dans l'eau du fleuve. Que les Ouanyamouézi « retournent à Nyangouie dire à leurs amis quels « hommes braves sont ceux-là qui conduisent « l'homme blanc le long de la grande rivière « jusqu'à la mer. » Ce fut néanmoins pour moi l'un des jours les plus tristes que j'aie passés en Afrique.

Le 4 janvier 1877, nous arrivâmes à la première de ce que nous reconnûmes être une série de cataractes, située au-dessous du confluent du Loumami et du Lualaba ou Looua, comme on l'appelait alors. Là, nos épreuves, nos peines, recommencèrent plus vives que jamais. Nous fûmes chassés comme un gibier. Nuit et jour nous devions tendre nos nerfs, rassembler toutes nos forces pour nous défendre. A quatre reprises différentes, dans la journée du 4 janvier, il nous fallut nous frayer de force un passage à travers des lignes de canots qui voulaient nous barrer le chemin, et à la fin nous fûmes arrêtés par les chutes de Basoua, situées à 0°, 32', 36″ de latitude sud.

Les sauvages semblaient croire qu'il ne nous restait aucune autre ressource que de nous rendre pour qu'ils nous mangeassent à leur loisir.

Encore et encore nous fûmes contraints de repousser les attaques furieuses par lesquelles ils essayèrent de nous chasser des chutes. Les habitants des îles situées près des chutes vinrent aussi appuyer les cannibales de Mouana Ntaba. Après que nous eûmes construit une palissade de buissons autour du camp du côté de la forêt, les meilleurs tirailleurs furent placés en position pour la défendre. Pendant les vingt-quatre jours qui suivirent nous eûmes une besogne terrible à accomplir, construisant pendant la nuit des camps sur le trajet de la ligne marquée et déterminée pendant le jour, « coupant » des routes depuis le haut jusqu'au bas de chaque chute, traînant nos lourds canots à travers bois, pendant que les plus actifs de nos jeunes gens, — l'équipage du bateau — repoussaient les sauvages ou fourrageaient à la recherche de vivres.

Le 27 janvier nous avions franchi dans ces conditions inouïes, désespérées, un espace de quarante deux milles géographiques dans lequel se trouvent six cataractes, et, pour y parvenir, nous y avions traîné nos canots par terre, pendant treize milles, sur des routes que nous avions pratiquées, la hache à la main, à travers la forêt. Pendant tout ce temps-là, il nous fallait nous procurer nos provisions du mieux que nous pouvions. Quand nous eûmes passé la dernière chute, située à 0° 14′ 52″ de latitude nord, nous fîmes halte pendant deux jours pour nous reposer un peu ; nous en avions tous grand besoin ! Au passage de ces chutes nous perdîmes seulement cinq hommes.

Après avoir traversé cette série de rapides, nous entrâmes dans une contrée d'aspect tout différent. Le fleuve s'élargit là graduellement ; au lieu des 1,500 ou 2,000 mètres habituels, il arrive à s'étendre sur une surfacede trois ou quatre kilomètres. Il commence aussi à recevoir des affluents plus importants, et prend bientôt l'aspect d'un lac dont la largeur varie de quatre à dix milles (6 à 14 kilomètres). Les îles aussi deviennent tellement nombreuses que c'était à peine si nous pouvions, pendant toute une journée, apercevoir une seule fois l'autre rive. Nous avions atteint le grand bassin qui s'étend entre la région des lacs et la région maritime.

Le premier jour où nous entrâmes dans cette région nous fûmes attaqués trois fois par trois tribus différentes ; le second nous soutînmes, tout en descendant le fleuve et nous enfuyant, un combat qui dura à peu près les douze heures que le jour dure en ces régions, combat qui se termina par un grand engagement naval au confluent de l'Arououimi (le Welle?) avec le Lualaba.

Au moment où nous quittions le courant du Lualaba pour traverser celui de l'Arououimi,

et où nous jetions un coup d'œil sur ce magnifique affluent, nous aperçûmes avec stupéfaction
les grands préparatifs faits pour nous recevoir.
Cinquante-quatre canots se précipitèrent sur
nous avec une telle furie que je vis qu'il fallait
agir immédiatement et sans hésiter si je voulais
sauver l'expédition. Quatre de nos canots à
nous, pris de panique, commencèrent à descendre le courant et à s'enfuir ; mais on les ra-
mena bientôt. Nous jetâmes nos ancres de
pierre, nous nous formâmes en ligne serrée, et
nous attendîmes l'événement avec calmé.

Rapides et furieux, les naturels descendaient
le courant du fleuve ; leur aspect et celui de
leur flotte était magnifique. C'était en vérité un
spectacle superbe. Les canots étaient énormes, un
surtout, un monstre manœuvré par quatre-vingts
rameurs, quarante de chaque bord, maniant des
pagaies de huit pieds de long se terminant en
pointe de lance, et réellement garnies de lames
de fer pour pouvoir servir d'armes offensives.
Les poignées de ces pagaies étaient armées d'une
boule d'ivoire. Les chefs bondissaient, dansant
le pas de guerre, tout le long d'une sorte de
pont qui s'étendait de la proue à la poupe. Sur
une plate-forme près du bossoir se tenaient debout dix jeunes hommes brandissant leurs longues zagaies et prêts à les lancer. A la poupe
de ce grand canot de guerre étaient assis huit
timoniers qui le dirigeaient vers nous.

Il y avait bien dans la flotte vingt canots d'aussi belle apparence que celui-là, bien qu'un peu moins grands, mais aucun d'eux n'avait un aspect aussi imposant. On pouvait évaluer le nombre total des sauvages que portaient ces cinquante-quatre canots à quinze cents ou deux mille. Je ne puis croire qu'ils appartinssent à une seule tribu. J'imagine qu'il y avait eu concert préalable entre toutes celles du voisinage pour nous bien recevoir quand nous paraîtrions.

Nous n'eûmes, néanmoins, pas même le temps d'exhaler une courte prière ou de penser à adresser un adieu sentimental au monde meurtrier et cannibale au sein duquel nous nous trouvions. L'ennemi, confiant dans sa victoire, arrivait en plein sur nous, et quand le canot monstre passa comme une flèche, une zagaie nous fut lancée, la première. Nous ne crûmes pas devoir patienter davantage; ils étaient évidemment venus pour nous combattre. Leurs faces cruelles, leurs tambours battant des roulements de triomphe, leurs cors assourdissants, la zagaie lancée, les contorsions qui les agitaient, tout le prouvait; et chaque fusil dans notre petite flotte répondit à nos ennemis par une « explosion de colère ».

En une seconde nous fûmes presque entourés, cernés; des nuages de zagaies nous furent lancées et sifflèrent autour de nous pendant dix minutes à peu près. Au bout de ce temps, les ennemis faiblirent et reculèrent; alors nous levâmes les ancres et nous les chargeâmes à notre tour, les poursuivant et leur faisant subir de sérieuses pertes. Nous étions emportés par nos sentiments d'indignation. Nous les serrâmes de près jusqu'au rivage, puis nous débarquâmes et leur donnâmes la chasse dans dix à douze de leurs villages, et, après avoir fait mettre en sûreté une partie des vivres que nous trouvâmes là, je sonnai le rappel.

Le butin appartient aux vainqueurs, — du moins, c'était l'avis de mes hommes, — et la quantité d'ivoire que l'on découvrit dans ces villages me causa le plus grand étonnement. Il y avait un « temple d'ivoire » : sorte d'édifice construit entièrement en défenses d'éléphant et entourant une idole; il y avait des « bûches d'ivoire » qui, à en juger par les trous qu'y avaient laissés les coups de hache, avaient dû servir de billots pour y faire des fagots, des cors de guerre en ivoire, quelques-uns de trois pieds de long, des maillets d'ivoire, des coins d'ivoire pour fendre le bois, des pilons d'ivoire pour broyer la cassave, et devant la maison du chef se trouvait une vérandah ou *bourzah*, soutenue par des poteaux qui n'étaient autre chose que d'énormes défenses.

Nous recueillîmes ainsi et emportâmes dans nos embarcations *cent trente-trois* blocs ou fragments d'ivoire que j'évaluai *grosso modo* à dix-huit mille dollars. « Vous pouvez considérer ceci, — dis-je aux hommes, — « comme de bonne prise. Chacun de vous recevra sa part de ce butin. »

Bien que, dans ce dernier combat, nous n'eussions eu qu'un seul de nos soldats tué, néanmoins l'expédition s'affaiblissait peu à peu, diminuait en nombre dans les luttes répétées soutenues contre ces pirates cannibales qui nous attaquaient sans cesse. Nous avions déjà perdu seize hommes. Il ne restait aucune possibilité de retourner à Nyangouie, car nous avions résolûment mis six cataractes entre nous et cette localité; de plus, nous en étions éloignés de trois cent cinquante milles en suivant le cours du fleuve, ou de deux cent quatre-vingt-seize milles à vol d'oiseau.

Pourquoi, me dira-t-on, ne pas remonter le Welle et essayer de cette route? Mais j'étais à peu près convaincu que nous nous trouvions sur le Congo. Après avoir constaté notre latitude : 0° 46′ nord, je n'aperçus, en examinant ma carte, qu'un vide immense, horrible, sans la moindre indication, si vague qu'elle fût, pour nous y guider. Qu'allions-nous devenir? S'il nous fallait encore combattre trois ou quatre fois chaque jour, nos munitions ne dureraient pas longtemps et nos forces s'épuiseraient bien vite.

Dans cette situation désespérée, la largeur

toujours croissante du fleuve au-dessous de son
dernier grand affluent me fit venir à l'esprit une
idée qui fut un moyen de salut. C'était d'abandonner le voisinage de la terre ferme, et de nous
dissimuler au milieu des îles. En agissant de la
sorte, je passerais sans les voir près de beaucoup
d'affluents, mais qu'y faire? La chose principale,
après tout, était le grand fleuve dans lequel ils se
déversent.

Le bateau partit en avant, les canots le suivant de près, et nous essayâmes de trouver notre
chemin parmi les îles. La première tentative ne
réussit point; après avoir suivi une demi-douzaine de détroits, nous nous retrouvâmes encore
en vue des sauvages, et il fallut, comme de juste,
recommencer à combattre. Après deux ou trois
essais de ce genre, nous apprîmes à distinguer
la terre ferme des îles, et nous suivîmes le cours
du fleuve sans autre inquiétude ou tracas que
ceux causés par la rareté croissante des vivres,
pendant cinq jours. A ce moment, la faim de
plus en plus pressante nous poussa à risquer une
lutte avec les sauvages, et, nous rapprochant du
bord du fleuve, nous arrivâmes près d'un village
situé à 1° 40' de latitude nord par 23° de longitude est, village où l'attitude des naturels envers nous fut très-différente de celle dont nous
avions récemment fait l'expérience.

Trois canots s'avancèrent à notre rencontre,
et l'on nous adressa quelques paroles que nous

ne comprîmes pas. Les canots se retirèrent, mais, ayant ordonné à ma petite flotte de jeter l'ancre, je laissai dériver le bateau et l'arrêtai juste en face du village, à environ vingt mètres du bord du fleuve. Nous fîmes signe que nous voulions acheter des vivres, montrant des bracelets de cuivre, des cauris, des colliers rouges et blancs, des morceaux d'étoffe et du fil métallique : en un mot, agissant comme nous le faisions d'habitude pour entrer en relations avec les naturels quand ils se montraient disposés à nous accueillir en amis. Les négociations furent longues, très-longues, mais nous fûmes patients. Ce qui nous faisait espérer était l'attitude pacifique des naturels, si différente de celle des cannibales en amont du fleuve. Enfin, après cinq heures d'entretien, nous réussîmes. Ce jour-là, après vingt-six engagements meurtriers sur le grand fleuve, fut salué par nous comme l'aurore d'une série de jours meilleurs. Nous nous estimions à présent les plus heureux gaillards qu'il y eût au monde.

Quand le vieux chef vint au bord du fleuve pour négocier avec l'étranger blanc, nous levâmes l'ancre et gouvernâmes de son côté. Mon maître d'équipage et moi sautâmes à terre. Nos canots étaient ancrés à 400 mètres de là. Le visage affable et bienveillant du vieux chef était si différent des faces odieuses que nous avions vues tous ces temps derniers, que je lui écrasai presque la main dans la mienne en la lui serrant pour lui témoigner mon amitié sincère, ce qui le fit bondir. Mon maître d'équipage Ouledi, — jamais un plus brave cœur n'a battu sous une peau noire, mais j'aurai occasion de reparler de lui, — embrassa tout le monde à la ronde, et ses accolades lui furent retournées avec usure. Les jeunes gens formant l'équipage de notre bateau partagèrent bientôt l'enthousiasme général, et suivirent l'exemple de leur chef Ouledi. Au cours de ces embrassades, le vieux chef me tira à part et me montra là-bas, sur le fleuve, Frank, dont le visage pâle formait un contraste frappant avec la peau sombre des soldats qui, dans le canot, l'entouraient.

— C'est mon jeune frère, — lui dis-je.

— Alors il faut qu'il fasse amitié avec mon fils, — répondit le chef.

Là-dessus, ou héla Frank, on lui dit de venir à terre, et la cérémonie solennelle : « faire fraternité, » eut lieu ; le sang de l'homme blanc et celui du nègre coulèrent ensemble, se confondirent, et par là un traité de paix et d'amitié· éternelle fut conclu et scellé.

— Quelle rivière est celle-ci, chef? — demandai-je.

— La *Rivière*, — répliqua-t-il.

— N'a-t-elle point de nom? — repris-je.

— Oui, la Grande-Rivière.

— Je comprends bien; mais vous avez un

nom et j'ai un nom ; votre village a un nom. N'avez-vous aucun nom particulier pour votre rivière ? (Nous parlions en mauvais kikousou.)

— On l'appelle Ikoutou Ya Kongo.

Le Fleuve Congo !...

Il ne pouvait donc plus nous rester aucun doute, bien que nous fussions encore à peu près à huit cent cinquante milles de l'océan Atlantique, et à plus de neuf cents milles de Nyangouie en Manyuéma.

Nous passâmes trois jours dans ce village à acheter des provisions : moments paisibles dont nous garderons longtemps le souvenir. Nous vîmes là quatre fusils, et nous en augurâmes que les périls de notre dangereux voyage étaient finis. L'augure était faux, cependant.

Le lendemain de notre départ nous arrivâmes en Ourangi, contrée populeuse où il y a une ville s'étendant sur une longueur de deux milles, et nos amis nous présentèrent aux habitants. Cette cérémonie terminée, une centaine environ de canots grands et petits parurent, et les échanges commencèrent. Bientôt nous nous aperçûmes que beaucoup de choses disparaissaient. Un de nos hommes cherchait infructueusement ses vêtements et le paillasson sur lequel il couchait ; le cuisinier constatait qu'il lui manquait un plat de cuivre ; l'un des naturels s'empara d'un fusil, mais ayant été surpris en flagrant délit, il le restitua sans difficulté. Voyant cela, je convins avec le roi que les échanges se feraient dans les canots. Tout le monde fut satisfait de cet arrangement.

Le jour suivant nous partîmes pour continuer notre voyage ; deux canots montés par des naturels nous précédaient pour nous présenter aux tribus en aval du fleuve. Je remarquai que les cent embarcations qui étaient venues, la veille, trafiquer ou nous rendre visite, ne contenaient plus maintenant ni femmes ni enfants, rien que des hommes armés de fusils et de zagaies. Nous n'attachâmes cependant point d'importance à ce fait ; mais tout à coup, à un signal donné, les canots qui nous guidaient s'éloignèrent rapidement, faisant force de rames, et nous fûmes immédiatement assaillis.

— Formez-vous en ligne serrée ! — criai-je, — et descendez lentement le fleuve tout près de l'île !...

Les rameurs du bateau laissèrent passer devant nous tous les canots, et nous les suivîmes en serre-file. Dans chaque canot deux hommes, et trois dans le bateau en me comptant, tiraillèrent pendant plus de deux heures, les embarcations filant à force de rames, quand une autre tribu se joignit à la chasse qu'on nous donnait. Les pirates d'Ourangé s'en retournèrent, mais les Mpakiouana vinrent les remplacer et continuèrent la lutte jusqu'à ce que nous fussions arrivés sur le territoire d'un autre tribu, laquelle continua de nous poursuivre, nous chargeant avec furie et s'efforçant, avec une opiniâtreté admirable, de s'emparer de l'un de nos canots. Fréquemment nous fûmes obligés de laisser là rames et pagaies, et de nous défendre en désespérés. A 3 heures de l'après-midi, le dernier canot ennemi renonça à nous poursuivre, et nous nous dirigeâmes de nouveau vers les îles.

Le 14 février nous nous égarâmes au milieu des détroits qui séparent ces îles, et nous nous trouvâmes pris, — on s'en aperçut trop tard pour lui échapper, — dans un courant qui nous entraîna vers la rive droite, habitée à cet endroit par la puissante tribu des Mangara ou Mangala, dont nous avions très-souvent entendu parler, quelquefois comme de très-méchantes gens, quelquefois comme de gens faisant un grand trafic. Ce fait qu'ils étaient habitués aux échanges nous fit croire qu'ils nous permettraient de passer sans nous inquiéter. Nous fûmes cruellement déçus.

En dépit des tambours et des cors appelant la tribu à la guerre, je ne voulus pas perdre une aussi splendide occasion de relever la position de cette importante localité. (Qu'on en juge! il allait être midi, un beau soleil brillait, et il y avait une étendue de fleuve suffisante pour prendre une bonne observation.) Je constatai qu'elle est située à 1° 16' 50" de latitude nord, par 21° de longitude est. Après avoir clos et

remis soigneusement en place mon sextant, je
me préparai à recevoir les naturels, la carabine à la main s'ils venaient nous combattre,
les mains pleines de présents s'ils venaient avec
des intentions pacifiques. Nous éloignant de l'île
Obs, que nous avions jusque-là côtoyée, nous
descendîmes le courant qui nous portait vers
Mangara. Bientôt soixante-trois canots légers,
d'une forme assez élégante, s'approchèrent.
Quelques-uns des naturels étaient remarquables
par les ornements de cuivre jaune qui les déco-
raient, ils portaient des bonnets de peau de chèvre blanche; des sortes de petits manteaux courts
de la même peau leur couvraient les épaules;
les chefs étaient vêtus de robes de couleur cra-
moisie, faites d'étoffe à couvertures.

Nous cessâmes de ramer. Quand ils arrivèrent à environ 300 mètres de nous, je leur
montrai d'une main une pièce d'étoffe rouge, et
de l'autre un paquet de fil métallique, leur faisant signe que je désirais les leur offrir. Comme
réponse, trois fusils nous criblèrent d'une pluie
de chevrotines; quatre hommes de l'équipage
de mon bateau et l'un des rameurs d'un canot
furent blessés. Une impétueuse clameur de
triomphe annonça ce premier succès aux centaines de sauvages qui se pressaient sur la rive.
Nous formâmes notre ligne serrée habituelle,
nous laissâmes les canots et le bateau descendre le courant du fleuve; et chaque fu-

sil, chaque revolver, furent mis en réquisition.

Ce fut la bataille des balles contre les chevrotines. Nous fûmes touchés fréquemment; le bateau et les canots furent criblés de projectiles, mais aucun ne pénétra au travers. A la fin, nous eûmes le dessus, nos fusils se chargeant par la culasse, nos carabines à éléphants à deux coups et nos Sniders l'emportèrent sur les fusils à pierre, mais pendant deux heures notre sort était resté douteux. La bataille avait duré depuis midi jusqu'au coucher du soleil. Pendant ce temps nous n'avions guère cessé de descendre le fleuve, nous avions fait ainsi dix milles et nous avions capturé deux canots en dépit de leur vélocité. Nous avions jeté l'ancre une heure, pour protéger une descente à terre opérée par une troupe de nos soldats, qui prit d'assaut un village et le brûla. A la nuit tombante, nos hommes entonnèrent le chant de triomphe : la bataille était finie. Nous continuâmes de descendre le fleuve dans l'obscurité jusqu'à environ 8 heures, et alors nous campâmes sur une île. Ce fut le trente et unième combat, et l'avant-dernier que nous soutînmes.

Nous suivîmes les détroits entre les îles pendant quatre jours consécutifs sans être aperçus par aucun naturel ; le fleuve était à cet endroit très-large, entre cinq et dix milles. Dans une contrée appelé Ikengo, habitée par une tribu très-commerçante, nous trouvâmes des amis.

Nous fîmes la fraternité du sang avec beaucoup de rois, et nous recueillîmes de nombreuses informations. Cette tribu est une des plus intelligentes et des mieux disposées envers les étrangers que nous ayons visitées. Nous nous arrêtâmes là trois jours. Nous ne rencontrâmes point de troupe armée qui s'opposât à notre passage sur le fleuve au-dessous de Ikengo, bien que quelques canots se livrassent à la petite distraction habituelle des sauvages : tirer quelques chevrotines sur les étrangers ; mais comme personne de nous ne fut blessé, nous fûmes indulgents et ne les troublâmes point dans leurs plaisirs. Comme le disait un de mes soldats, un humoriste, « nous mangions plus de fer que de « grain ».

A six milles au-dessous du confluent de la rivière que les Européens appellent Kouango et du cours d'eau que nous avions suivi depuis Nyangouie, et que j'ai baptisé le Livingstone, nous eûmes notre trente-deuxième et dernière bataille. Nous nous proposions de faire halte dans les bois pour y cuire notre déjeuner. Nous étions en train de ramasser du combustible pour allumer du feu, quand des coups de fusil partis des buissons m'alarmèrent et blessèrent six de mes gens. Nous n'avions pas la moindre idée qu'une tribu quelconque habitât dans le voisinage, car tous les environs semblaient n'être qu'une forêt. Nous sautâmes sur nos armes, et une véritable guerre de buissons commença, se terminant par une bataille rangée ; après quoi les deux armées se séparèrent sans qu'il y eût, à proprement parler, ni vainqueurs ni vaincus. Le seul avantage que nous remportâmes fut qu'on nous laissa séjourner dans notre camp sans nous y attaquer désormais.

J'ai constaté déjà que ce fut notre trente-deuxième bataille et la dernière. Le mot bataille s'appliquant exclusivement à un échange de balles entre les naturels et nous, le fait est exact. Mais nous avons été bien des fois depuis sur le point de combattre. Néanmoins, la diplomatie, la patience, le tact, et une justice sévère, nous épargnèrent beaucoup de nouveaux conflits. Peu après avoir quitté Nyangouie, connaissant la propension de beaucoup de mes hommes à prendre avantage de notre force, j'avais déclaré solennellement que quiconque molesterait un naturel, ou s'approprierait quoi que ce fût sans en payer la valeur, serait livré aux autorités du pays pour qu'on lui appliquât la loi indigène, laquelle le punirait certainement de mort ou d'un esclavage perpétuel. Mais on ne tenait pas toujours compte de cette défense. J'avais déjà racheté plusieurs de mes gens, qui s'étaient rendus coupables de vol, à l'aide de sacrifices considérables, si bien que nous en étions arrivés à être à peu près ruinés. Il devint nécessaire, eu égard à notre pauvreté, de met-

tre tout le monde à la demi-ration. Et en dépit
de ce dénuement croissant, quoique l'on sût parfaitement que nous ne pouvions plus désormais
faire de sacrifice pour racheter les voleurs, cela
n'en empêcha pas quelques-uns de commettre
encore des déprédations dans les contrées que
nous traversions. Ils furent livrés aux autorités
indigènes. Quand cinq hommes eurent été
traités de la sorte, mes gens commencèrent à se
rendre compte que ce que je leur avais dit était
très-sérieux, et je ne reçus plus aucune plainte
des naturels.

J'allais oublier de parler d'un crime terrible
qui me fut imputé par beaucoup d'indigènes
habitant au confluent du Kouango et du Congo :
c'était de prendre des notes. Six ou sept tribus
se confédérèrent un jour pour nous détruire,
« parce que j'étais méchant, très-méchant ». On
m'avait vu « faire médecine sur papier », écrire.
Les plus anciens habitants n'avaient jamais entendu parler d'une pareille chose ; ce ne pouvait
donc, évidemment, être que de la sorcellerie,
et la sorcellerie ne peut être punie que de mort.
Le chef blanc devait immédiatement remettre
« sa médecine » (son carnet), pour qu'on la brû-
lât, ou bien la guerre allait nous être déclarée
à l'instant. Or, mon cahier de notes était trop
précieux, il avait coûté trop d'existences et de
sacrifices, pour être consumé dans un feu de
joie afin de contenter le caprice de quelques

sauvages. Que faire? Je possédais un petit volume de Shakespeare, édition Chandos. Il avait été lu et relu une douzaine de fois, il avait traversé l'Afrique, il m'avait fait passer bien des heures ennuyeuses, mais il devait être sacrifié.

J'allai le chercher, je le montrais aux guerriers sauvages.

— Est-ce cela que vous demandez?

— Oui.

— Est-ce cette médecine-là qui vous effraie?

— Oui, brûlez-la, brûlez-la. Elle est méchante, très-méchante; brûlez-la.

— Oh! mon Shakespeare, — me dis-je en moi-même, — adieu! — et le pauvre Shakespeare fut brûlé. Mais quel changement soudain se produisit sur les visages de ces naturels hargneux et en colère! Ce fut un véritable jubilé. Le pays était sauvé; leurs femmes et leurs petits enfants ne seraient point visités par la maladie. « Ah! le chef blanc est si bon, c'est la « bonté même, le meilleur de tous les hom- « mes! »

J'arrive maintenant à une période tragique, près de laquelle notre lutte perpétuelle en traversant pendant plus de onze cents milles les terres habitées par les cannibales me semble un simple jeu d'enfant. Nos jours de bataille et nos jours de famine, quand des années de paix et de repos auront passé sur nos têtes, nous pourrons les avoir oubliés; mais nos mois de dur labeur et d'énergie fébrile au passage des cataractes inférieures du fleuve Congo, jamais ! Car chaque jour de cette période a ses terribles histoires de dangers auxquels on n'échappe qu'à grand'-peine, frisant de près la mort, de blessures cruelles, de moments de désespoir.

Nous avions fait à peu près quatorze cents milles. Le cours du Livingstone se rétrécissait, ayant à passer entre des falaises à pic, des versants escarpés de montagnes boisées, des entassements de rochers infranchissables et dénudés, et alors il se précipitait impétueux, serpentant en longues courbes, produisant à perte de vue un amoncellement de vagues brunes, qui tantôt semblaient soulevées par la tempête, tantôt tombaient calmes et transparentes comme du verre en fusion, ou parfois rebondissaient avec le bruit du tonnerre de chute en chute, se précipitant en flots écumeux dont la crête se dissolvait en bruine et en vapeur. Dans une autre courbe ses eaux bouillaient littéralement autour d'îles formées de galets gigantesques, et, se divisant en deux branches dont les courants opposés, luttant l'un contre l'autre, produisaient d'effrayants tourbillons, se creusaient en maëlstroms.

Et de même que le fleuve magnifique variait son aspect sauvage, farouche, désordonné, de même il variait son tonnerre, ses gémissements, ses plaintes. Tantôt c'était le bruit des vagues de la mer quand elles se brisent sur la proue d'un navire poussé par un vent favorable; tantôt on eût dit une grande marée se heurtant contre la jetée d'un port, contre ses quais et les piles de ses ponts; tantôt enfin ses mugissements furieux arrivaient à un tel diapason que le spectateur en était abasourdi, écrasé, et que le gouffre tout entier retentissait de leur vacarme colossal, tandis que, bien loin de là-haut, au sommet du plateau d'où le fleuve arrive, le craintif et superstitieux Basundi, passant par hasard non loin de l'énorme falaise par-dessus laquelle les flots se précipitent, se bouchait les oreilles pour ne plus entendre ces effrayantes clameurs, et s'enfuyait bien vite comme s'il eût voulu échapper au jugement du destin.

Pendant que nous luttions pour trouver et suivre notre route, dans des conditions que j'ai qualifiées avec raison, je crois, de tragiques, le long de cette interminable série de cataractes s'étendant sur une distance de plus de cent quatre-vingts milles, nous vécûmes comme si nous nous fussions trouvés au sein d'un tunnel dans lequel, de temps à autre, des trains auraient passé à toute vapeur, l'emplissant de leur bruit de tonnerre. Ah! quelle différence avec la douce et vitreuse surface du fleuve traversant les sombres forêts d'Ouregga ou de Korourou, avec ce cours si calme qu'une ondulation y était rare, où nous glissions jour après jour à travers les solitudes sauvages, perdus en de douces et délicieuses rêveries, où nos âmes tressaillaient à la vue des forêts d'aspect impénétrable qui se dressaient sur chaque rive, où dans le matin brumeux, le soir humide, le midi ardent, la nature respire toujours une douce quiétude !

Il n'est pas à craindre qu'un autre explorateur tente de recommencer ce que nous avons fait dans la région des cataractes. De la part d'un successeur instruit par notre exemple, ce serait de l'insanité. Il pourra voyager par terre, et les naturels lui indiqueront les versants de deux cents pieds d'élévation jusqu'au haut desquels nous traînions à force de bras nos canots, du poids de trois, quatre ou cinq tonnes. Ils lui montreront peut-être aussi les moignons des grands arbres que nous abattîmes, et à même le tronc desquels nous taillâmes nos canots dans l'espace de huit ou dix jours, travaillant à cela jour et nuit, tandis qu'aucun canot n'avait jamais été fait auparavant dans cette région en moins de trois mois. On pourrait lui montrer aussi les rocs escarpés sur lesquels nous construisîmes des tramways avec un système de rouleaux. On pourrait lui montrer l'endroit où nous abattîmes un bouquet de grands arbres pour les employer, en guise de fascines, à combler les vides qui séparaient les rocs. On pourrait lui montrer les localités qui furent la scène d'effroyables tragédies et de traits d'héroïsme accomplis par quelques-uns des compagnons de l'étranger blanc. On pourrait le mener aux endroits où les hommes blancs montèrent dans leurs canots et conduisirent leurs gens le long de vastes étendues de rivière écumante, à l'épouvante de tous ceux qui les voyaient faire, et contre tout avis préalable. On pourrait lui montrer les terribles cataractes où le bateau monté par le chef blanc et son équipage fut entraîné et lancé en bas, puis saisi par un tourbillon, culbuté, battu par les vagues, à la grande épouvante de ses amis indigènes, spectateurs de la catastrophe qu'on prévoyait, et enfin le guider, avec un frisson d'horreur, à la place où le plus jeune chef fut précipité par-dessus les cataractes et englouti dans un tourbillon, où il disparut pour toujours.

Non, répétons-le, il n'est pas à craindre qu'aucun autre explorateur tente d'imiter nos travaux ici. Nous ne nous serions pas nous-mêmes aventurés à entreprendre cette terrible tâche si nous avions eu la moindre idée des effrayants obstacles qui allaient se dresser devant nous. Ce fut la carte de Tuckey qui m'égara; et les naturels, qui voyagent rarement au delà du district qu'ils habitent, aidèrent Tuckey à nous abuser. Ni Tuckey ni les naturels n'en savaient plus long, et nous ne saurions les blâmer. Le capitaine Tuckey a placé sur sa carte une seule cataracte à l'est de Yellala, par 16° de longitude est environ, à une très-grande distance des chutes ainsi nommées, et n'a nullement fait mention de celles-ci, bien qu'il donne les noms des villages et localités situés aux environs. Il faut croire qu'il aura quitté le bord du fleuve avant d'arriver aux chutes et continué sa route par terre jusqu'à la rivière Kouango ; mais il est déplorable qu'on ait publié un travail aussi incomplet comme étant le relevé entier de tout le district. Qu'il me suffise de dire qu'au-dessous de cette cataracte soi-disant unique se trouvent plus de trente chutes et rapides, et que si une partie quelconque de cette région avait été explorée, ces chutes et rapides se trouveraient indiqués sur la carte en question.

Les pertes que nous avons faites en hommes et en matériel doivent servir d'avertissement aux explorateurs, qui feront bien de se garder à l'avenir de marquer sur le relevé de leur voyage autre chose que ce qu'ils ont réellement vu de leurs yeux, ou, s'ils croient devoir publier des renseignements obtenus par ouï-dire, devront établir une distinction bien nette entre les localités explorées par eux et celles qui ne l'ont point été. Ainsi, dans le cas signalé plus haut, mes observations m'avaient indiqué que nous nous trouvions dans le voisinage de cette cataracte soi-disant unique de Tuckey, et, pensant que nous y arriverions bientôt, nous déployâmes toute notre énergie pour l'atteindre. Après que nous l'eûmes passée, les naturels nous affirmèrent qu'il n'y en avait plus que deux au delà de celle-ci. Plus loin, d'autres naturels nous dirent qu'il y en avait deux de plus, et ainsi de suite chaque jour, jusqu'à ce que, arrivant aux chutes d'Isangila après cinq mois de labeur acharné, ayant perdu un Européen et quinze soldats en franchissant les précédentes cataractes, et apprenant qu'il en restait encore cinq à passer, je m'écriai : C'est assez ! et fis tirer de l'eau mon bateau et les canots, que l'on traîna par-dessus les rochers qui entourent la cataracte d'Isangila.

Nous étions arrivés ainsi dans la contrée où les explorateurs d'autrefois et les marchands européens ont gâté et rendu exigeants les rois indigènes en les comblant de présents, en leur donnant ce qu'ils appellent des « daches » de rhum, d'étoffe et de verroteries. Ces rois vinrent nous trouver pour exiger des cadeaux de ce genre. Ils dirent qu'il fallait leur offrir des « daches » de rhum et d'étoffe.

— Vous demandez à de pauvres misérables créatures comme nous de vous donner des « daches » ! Mais nous ne possédons rien ; nous n'avons que bien juste assez pour atteindre la mer, et ne pouvons disposer d'une seule verroterie.

— Ah ! mais il faut nous en donner, ou sinon...

— Quoi? vous répétez devant moi ; Il faut ! Sortez de mon camp tout de suite, et apportez en vivres la valeur complète de ce que vous désirez!... —Et ils l'apportèrent, et reçurent seulement l'équivalent de la valeur des vivres.

L'un de ces rois, blessé du procédé, rassembla ses vaillants guerriers pour nous disputer le passage. Mais quand il vit mes soldats se ranger en bataille et se montrer disposés à commencer le combat, sa brutalité bavarde se calma rapidement, nous fîmes la paix, nous échangeâmes des présents, et nous passâmes.

A ce moment-là j'envoyai des messagers en avant solliciter des secours de n'importe quel Européen d'Emboma, ou Boma, comme on l'appelle au sud des cataractes. Par bonne fortune la lettre fut remise aux représentants de MM. Hatton and Cookson, négociants de Liverpool. La promptitude de ces gentlemen, MM. Motta Veiga et Harrison, nous sauva d'une grande misère. Nous étions sur le point de périr par la famine. Nous fûmes accablés d'une telle averse de friandises, que la soudaine transition des douleurs et des angoisses de la faim aux jours de l'abondance nous causa un véritable délire, et mes hommes, qui plus de quarante fois avaient répondu par d'impétueuses clameurs aux cris de guerre des sauvages, entonnèrent un *Magnificat* improvisé, et chantèrent les louanges des hommes blancs qui vivent sur le bord de la mer.

Après un jour de halte pour digérer les bonnes choses que nous avions englouties, nous reprîmes notre marche vers Boma. A quelques milles de cet endroit nous rencontrâmes plusieurs membres de la colonie européenne qui venaient au-devant de nous avec des paniers remplis de bonnes choses, avec du rhum et du champagne, du porto et du madère, etc. Quelle différence entre ces gentlemen bien nourris, bien vêtus, soigneux de leur personne, et moi-même ! Elle était aussi grande que celle entre leurs robustes porteurs de palanquin, gras et luisants de santé, et les soldats de l'expédition anglo-américaine, pauvres diables décharnés dont les côtes se dessinaient en saillie comme celles de squelettes.

Tel est en peu de mots le résumé de notre histoire, de la façon dont nous avons traversé la moitié inconnue de l'Afrique, de notre trajet de dix-huit cents milles depuis Nyangouie jusqu'à l'océan Atlantique. Vous pouvez maintenant vous faire une idée, en attendant des détails plus étendus, plus complets, de la nature des luttes que nous avons soutenues dans l'intérêt de la civilisation, de nos batailles acharnées contre les cannibales, de la patience et des efforts requis pour traverser la contrée des cataractes avec notre flotte, de nos terreurs journalières et de notre douleur en perdant de chers et précieux camarades pendant le passage de cinquante-sept chutes et rapides qui interrompent le cours puissant du fleuve à travers la région maritime. Je vous ai peu parlé des ma-

ladies, de l'insalubrité de certains districts, de
la tristesse et du découragement intenses que
nous éprouvions, des fatigues que nous avons
subies : fatigues qui nous ont vieillis avant le
temps, qui ont affaibli nos forces et brisé notre
énergie ; mais vous pouvez les imaginer. J'ai
surtout voulu vous donner un croquis rapide de
nos mille et une épreuves pendant que nous
nous débattions au sein de la sombre obscurité
et des mystères de l'Inconnu, pour arriver à ren-
trer dans la Lumière.

Je vous ai brièvement raconté quelques-unes
de nos altercations et de nos luttes avec certaines tribus composées de démons humains pé-
tris de ruse, de fraude, de traîtrise et de cruauté,
cannibales qui nous regardaient comme autant
de pièces de gibier à abattre et à découper, pour
être ensuite grillées et mangées. Ils nous attaquaient à l'aide de lances, de zagaies, de flèches
empoisonnées, de fusils, et dans une occasion
ils entourèrent complétement notre camp de
filets dissimulés dans les hautes herbes. Ils
fichaient des bâtons pointus et empoisonnés dans
le sol, afin que nos soldats, s'avançant pour dé-
gager les alentours du camp, eussent les pieds
percés par ces instruments de torture. De tous
côtés la mort nous regardait en face, des yeux
cruels nous épiaient nuit et jour, et des milliers
de mains sanglantes s'étendaient pour profiter
de nos moindres négligences. Nous nous défen-

dions comme des hommes qui savent que la moindre pusillanimité sera la ruine et la mort, que la miséricorde est inconnue à ces sauvages...

Cependant nous avons eu quelques courts intervalles de plaisir, même pendant cette orageuse période. Un jour, une tribu pacifique, — c'était le lendemain d'une bataille acharnée que nous avions livrée à la race guerrière habitant un territoire voisin du sien, en amont du fleuve, race qui, paraît-il, l'avait grandement opprimée, — avertie par le bruit des tambours qui annoncent l'approche des étrangers, arriva en foule nombreuse et serrée le long des rives du fleuve, pendant que les plus hardis guerriers, montés dans d'énormes canots, ramèrent droit sur nous, ayant soin de pousser le cri magique : « *Sennené ! sennené !* » A ce mot béni, nos fusils nous tombèrent des mains et nous lui fîmes écho avec une telle ferveur de poumons, que les milliers de spectateurs sur le rivage sentirent leurs défiances s'évanouir et se joignirent au chœur avec un ensemble tel que, même quand le calme fut rétabli, les forêts, des deux côtés de la rivière, semblaient répéter à haute voix, sur un ton mystérieux : « *Sennené ! sennené !* »

Nous jetâmes l'ancre non loin de la foule réunie au bord du fleuve, et nous invitâmes les guerriers qui montaient les canots à venir à nous. Retenus par une timidité enfantine, ils ne voulurent pas s'approcher à plus de 50 mè-

tres ou environ, mais deux vieilles femmes, —
deux dames âgées, devrais-je dire ! — sautèrent
dans un petit canot, ramèrent droit vers mon
bateau, rangèrent leur minuscule embarcation
le long du bord, et, après nous avoir salués d'un
bon rire, nous offrirent du vin de palmier et un
couple de poulets ! A ce moment les guerriers,
honteux de leur timidité, — ce n'était pas de la
crainte, — amenèrent aussi le long du bord leurs
énormes canots, deux fois longs comme notre
bateau, qu'ils cachèrent complétement, faillirent
même écraser la coquille de noix des deux femmes ; mais la vue qui me réjouissait le plus le
cœur, dont je ne pouvais détourner mes yeux,
c'était encore et toujours les visages affables et
bienveillants de ces deux femmes, et le petit
messager flottant de paix et de bien-être qui les
avait amenées vers nous au milieu de ces jours
d'épreuve.

En regardant les grands canots de guerre de
la tribu, je remarquai avec plaisir qu'il n'y
avait pas une seule lance, pas un seul arc, dans
aucun d'eux, ce qui me fit examiner avec plus
attention la foule qui se pressait sur la grève,
et là aussi pas une seule arme n'était visible.
J'admirai ce tact et cette délicatesse. Bientôt
je vis l'un des grands canots se diriger vers
le rivage ; on le chargea d'une quantité de gourdes de vin de palmier, de paniers de patates,
et il revint vers nous, chaque homme de l'équi-

page chantant avec enthousiasme. Les patates
étaient pour moi, le vin de palmier pour mes
hommes.

Quand je demandai comment il se faisait que
les gens de cette tribu étaient si affables envers
les étrangers, alors qu'il nous avait fallu combattre trois fois la veille avec celles du voisinage en amont du fleuve, ils me répondirent
que quelques-uns des leurs avaient été pêcher
ce jour-là près des îles, et que le son des tambours des autres tribus appelant tout le voisinage à nous combattre les avait engagés à se
cacher pour observer ce qui allait se passer. Ils
nous avaient entendus adresser la parole aux
naturels, nous avaient vus leur offrir des étoffes
et des verroteries, et avaient vu aussi que ces
derniers, après avoir refusé tous nos présents,
nous avaient attaqués. « Ils sont toujours en
« guerre avec nous, et viennent piller nos ca-
« marades, mais nous ne sommes pas assez forts
« pour les tuer. Ce matin, quand vous avez
« quitté l'île où vous aviez dormi la nuit der-
« nière, nous envoyâmes de très-bonne heure un
« canot monté par deux esclaves : une femme et
« un enfant, et contenant des patates et du vin de
« palmier. Si vous aviez été de méchantes gens,
« vous vous seriez emparés du canot et des escla-
« ves, mais quand vous le laissâtes passer près
« de vous en disant : *Sennené!* nous vîmes par
« là que vous étiez de bonnes gens, et nous ne

« battîmes pas le tambour pour la guerre, mais
« pour la paix, bien que ceux des tribus voisines
« nous eussent appelés à vous combattre. Si vous
« aviez pris ce petit canot ce matin, il aurait fallu
« vous battre avec nous maintenant. Vous avez
« tué nos ennemis hier, vous n'avez pas inquiété
« nos esclaves ce matin. Nous sommes vos amis. »

Excepté quand des attaques furieuses empê-
chaient toute tentative de relations amicales, et
quand tous les esprits étaient convaincus de la
nécessité absolue d'une défense immédiate et
désespérée, nous faisions invariablement des
ouvertures amicales et conciliatrices, et je puis
me rappeler bien des occasions où notre affabilité, notre sociabilité et notre patience nous ga-
gnèrent la confiance de certaines tribus d'aspect
féroce, et les firent passer d'une attitude soupçon-
neuse et menaçante à une amitié sincère à une
conduite franche et ouverte. Beaucoup de tribus,
au moment de mon départ, m'ont supplié de revenir bientôt parmi elles, et m'ont accompagné
à de longues distances comme si elles ne pouvaient se résoudre à me quitter. D'autres, dans
leur désir de revoir leur ami, ont apporté devant
moi leurs « médecines » et leurs idoles, me con-
jurant, au nom du caractère sacré de ces reliques,
de dire à leurs frères blancs combien ils seraient
heureux de les voir, de trafiquer et de « faire une
éternelle fraternité avec eux » ; et un roi, dont il
est nécessaire à tout explorateur de s'assurer

l'amitié avant de pouvoir pénétrer dans le bassin du Livingstone, me surpassa en générosité avec tant de délicatesse et de tact, que je le regardai alors et le regarde encore comme un phénomène de bienveillance et de douceur.

CONCLUSION

Arrivés sur la côte occidentale d'Afrique, Stanley et les débris de sa caravane y furent, on l'a vu, reçus à bras ouverts. Tous les Européens habitant là s'ingénièrent à leur faire oublier, par leur bon accueil, les fatigues qu'ils avaient si courageusement supportées, et à dissiper autant que possible la mélancolie profonde, l'immense lassitude, qui s'était emparée d'eux et les faisait soupirer après un repos éternel.

Plusieurs de ces pauvres gens moururent, ou plutôt s'éteignirent sans douleur aucune, envahis par une torpeur qui leur semblait délicieuse et dont ils ne se réveillèrent point. Comme l'enfant fatigué qui s'endort aux bras de sa mère et les yeux dans ses yeux, ces pauvres Africains aimaient aller s'étendre sur le sable au bord du « grand lac salé, » et laisser errer leurs regards dans l'infini de ses ondes....

Après avoir séjourné à Emboma, à Kabinda, puis à Saint-Paul de Loanda, Stanley, qui n'avait pas oublié les engagements contractés envers ses compagnons noirs, prit passage avec sa troupe sur le steamer *Industry*, qui se rendait au cap de Bonne-Espérance. Étant descendu à terre, il devint, bien entendu, le « lion » de la petite ville de Cape Town, il fut invité partout, accablé de visites ; il lui fallut à son tour répondre aux interrogations de ses anciens confrères les *repor-*

ters, il dut faire une conférence ou lecture publique dans le palais de la Bourse; bref, il resta trois jours absent.

Quand il reparut à bord du navire, il trouva ses gens plongés dans une tristesse profonde. Depuis son départ leur inquiétude grandissait d'heure en heure, ils en étaient arrivés à croire que Stanley ne reviendrait point. « Il a retrouvé « ses amis, ses frères blancs, il va rester au « milieu d'eux. Nous ne le reverrons plus ! »

Et ces hommes, qui avaient traversé tout le continent africain, qui l'avaient, pour employer leur énergique expression, « transpercé d'ou- « tre en outre », ces soldats intrépides, ces lutteurs infatigables, s'abandonnaient au désespoir, croyant que leur chef allait les abandonner. De grosses larmes coulaient sur leurs joues noires.

N'est-ce pas qu'il y a de l'enfant chez le nègre, chez cet être aux sensations vives, à l'instinct câlin, aux élans spontanés, à la cruauté naïve? Les Européens qui connaissent et savent apprécier cette race avouent hautement qu'elle leur est très-sympathique.

Stanley s'aperçut tout de suite du chagrin de ses gens et leur en demanda la raison. Ils la lui dirent.

— Et qui donc vous a conté tout cela? — reprit-il.

— *Nos cœurs, et ils étaient bien oppressés !*

— Seriez-vous contents si je vous accompagnais jusqu'à Zanzibar?

— Pourquoi le demandez-vous, maître? *N'êtes-vous pas notre père?*

—Eh bien ! il vous faut longtemps pour vous habituer à vous fier à votre père, à compter sur ce qu'il vous a promis. Je vous ai dit et répété cent fois que rien ne me ferait manquer à la promesse que je vous ai faite de vous reconduire chez vous. Vous m'avez été fidèles, je vous serai fidèle aussi. Si nous ne trouvons pas de navire qui aille là, je ferai avec vous la route à pied, mais je ne vous quitterai qu'après vous avoir ramenés à Zanzibar, où je vous laisserai entourés de vos amis (1).

Quels transports de joie souleva parmi eux cette affirmation de l'homme sur la parole duquel ils savaient pouvoir compter! L'un des soldats, ancien brigand qui se vantait hautement, après boire, d'avoir jadis tué huit hommes (il disait vrai), se faisait remarquer par son enthousiasme....

Par l'entremise du commodore Sullivan, un train spécial emmène la caravane de Cape Town à Stillenbosch, ville peu éloignée. Les nègres ne tarissent pas en éloges sur la « voiture de « feu ». « Voilà, — s'écrient-ils, — le véritable « *pagazi*, le porteur par excellence. Il n'a besoin « ni de nourriture ni de médecine, il n'a pas « de jambes qui se fatiguent, pas de dos qui se « courbature, pas de bras qui se lassent et lais- « sent échapper le fardeau. La fièvre ou la petite « vérole ne peuvent le rendre malade, les flèches

(1) *Daily Telegraph*, 13 février 1878.

« empoisonnées, les zagaies, rebondiraient sur
« son corps de fer, les chevrotines et les balles
« elles-mêmes ne pourraient le pénétrer. Les
« herbes dures et tranchantes ne lui blesseraient
« point les jambes, et la boue ne peut les ulcé-
« rer. Six jours de marche en une heure ! Wal-
« lahi ! il se rit de la distance. Vraiment, maître,
« vous devrez vous pourvoir de la « voiture de
« feu » la prochaine fois que vous aurez besoin
« de traverser le continent !... »

On voit que les Ouanguana sont poëtes en
énumérant les mérites de la « voiture de feu ».
Dans leur opinion, raconte Stanley, la chose que
les hommes blancs devraient faire maintenant
serait d'apprendre à ressusciter les morts, ou,
pour employer leur pittoresque expression,
« mettre un cœur neuf dans un homme mort ».

Le commodore Sullivan, de plus en plus
gracieux pour Stanley, prit sur lui d'envoyer
l'*Industry* à Zanzibar pour l'y transporter, lui et
sa troupe, bien que ce navire eût primitivement
eu Cape Town seulement pour destination. Cela
permit à Stanley de tenir sa promesse envers ses
compagnons sans être obligé de les accompagner en marchant à pied.

A Zanzibar ; quand le vapeur débarqua, ce
fut une joie universelle. Les gens de Stanley
furent entourés, questionnés, les parents, amis
et connaissances arrivèrent en foule, poussant
des exclamations d'étonnement et de joie...

On avait conseillé à Stanley de ne pas aller à
Zanzibar ; on lui avait dit qu'il y avait pour lui
danger à le faire, « quelqu'un » (le sultan) s'étant

montré fort irrité de sa lettre du 28 octobre 1876, datée de Nyangouie, sur le trafic des esclaves, et ayant secoué la tête d'un air qui ne promettait rien de bon. Habitué à toujours prendre le taureau par les cornes, Stanley n'hésita pas. Il fit demander, par l'entremise du consul américain, une audience au sultan Seyd Burghash.

L'entretien fut long et très-amical. Stanley exposa ses griefs contre les officiers du sultan et les « pirates de terre » avec les plus grands détails, les accentuant davantage encore s'il est possible (Voir la lettre XVII), ajoutant qu'il attribuait en grande partie aux infamies commises journellement par Mtagamoyo et consorts l'hostilité qu'il avait trouvée chez les sauvages qui habitent le long du Lualaba. Après l'avoir écouté avec intérêt, le sultan lui fit cette réponse bien orientale :

— Nous nous connaissons maintenant tous deux depuis longtemps, et nous sommes aussi amis ensemble que nous l'étions au commencement. Oui, je vous assure même que nous sommes plus grands amis, et j'espère que cette amitié durera. Vous avez été loyal et bon pour les gens que vous avez emmenés de Zanzibar, vous les avez ramenés chez eux ; c'est une façon d'agir très-louable. Ils m'ont dit comment vous vous êtes conduit envers eux. Je suis très-content de vous voir. J'ai entendu parler des agissements de Saïd Ben Salim. N'ayez aucune inquiétude, il va revenir, *et je lui ferai me rendre compte de ce qu'il a fait.* Quant aux autres, je leur ordonnerai de cesser d'acheter des esclaves. Je ferai tout mon possible pour mettre un terme à tout cela.

Et il ajouta :

— Si vous connaissez un homme riche qui voudrait construire un chemin de fer d'ici à Oukirionio, sur les bords du lac Victoria, dites-lui que je donnerai cent mille livres 2,500,000 francs).

Avis aux constructeurs de chemins de fer ! Mtagamoyo et ses confrères s'empresseront, sans nul doute, de passer avec eux un marché ferme pour la location d'un certain nombre de wagons à bestiaux. Voilà déjà une clientèle toute trouvée !....

C'est à Zanzibar aussi que Stanley apprit avec quel enthousiasme les sociétés de missions et les âmes pieuses et propagandistes d'Angleterre avaient répondu à l'appel qu'il leur avait adressé dans sa lettre du 14 avril 1875. Une somme de huit mille livres sterling (200,000 fr.) avait été souscrite dans une seule soirée; le chiffre total recueilli s'était élevé à treize mille livres. La mission spéciale organisée dans le but de convertir l'empereur d'Ouganda et son peuple était déjà installée dans le pays, l'église dont Stanley avait planté les premiers poteaux était achevée et assidûment fréquentée par les indigènes.

Stanley, qui ne serait pas le héros qu'il est s'il n'avait le côté enthousiaste et naïf des héros, se félicite hautement d'avoir ébauché avec tant de succès la conversion de Mtesa au protestantisme. Après avoir, — raconte-t-il en substance, — ébranlé fortement sa foi toute fraîche dans le mahométisme par ses raisonnements et la conversation lors de la première visite qu'il lui fit, il consacra presque entièrement les quatre mois que dura son second séjour en Ouganda à traduire dans la langue du pays l'Évangile selon saint Luc, le *Pater noster*, les Actes des Apôtres, plusieurs chapitres des Épîtres de saint Paul, une partie de l'Apocalypse et les Dix Commandements. Ne pouvait-il pas en quelque sorte appeler son néophyte ce roi nègre, près duquel il passait de deux à six heures presque chaque jour à l'entretenir de Jésus-Christ et des bienfaits qu'il a répandus sur l'humanité ? Quand Mtesa voulut exécuter des captifs pour célébrer l'arrivée de Stanley, celui-ci lui fit comprendre que, s'il agissait ainsi, il publierait le fait dans le monde entier, et parlerait de lui, Mtesa, comme du plus vil et du plus barbare des sauvages.

A un observateur désintéressé et quelque peu sceptique, la dernière conversion de Mtesa ne paraîtra peut-être pas aussi réelle, aussi solide, « aussi bon teint », qu'à Stanley et au docteur Schuitzer, explorateur qui l'a visité récemment. La curiosité enfantine du nègre, l'attrait de la nouveauté, en auront sans doute été les raisons déterminantes. En lisant ces récits de conversion et de baptême de païens, on songe involontairement à ces peuplades de l'extrême nord auxquelles les moines russes allaient prêcher l'Évangile. Certains de ces Finnois se faisaient baptiser à peu près tous les dimanches, dans le seul but de recevoir la chemise blanche qu'on distribuait à chaque converti.

Or, Mtesa, cet idolâtre qui s'est d'abord fait mahométan, puis a renoncé à l'islamisme pour embrasser le protestantisme, tout cela dans l'espace de quelques années, n'en conserve pas moins, nous racontent d'autres voyageurs, son coffret rempli de *grigris* ou fétiches, et ne donne pas une audience sans le faire placer tout à côté de lui. Mais qui n'a pas ses petites faiblesses, ses habitudes prises, auxquelles il est malaisé de renoncer ?

Le 13 décembre 1877, Stanley quitta Zanzibar sur le steamer *Pachumba*. Nous ne dirons rien de son arrivée en Europe, de son passage à Paris, de son arrivée à Londres. La presse européenne tout entière a tenu ses lecteurs au courant, jour par jour, de tous ces incidents.

FIN

1708-78. — Corbeil. Typog. de Crété.

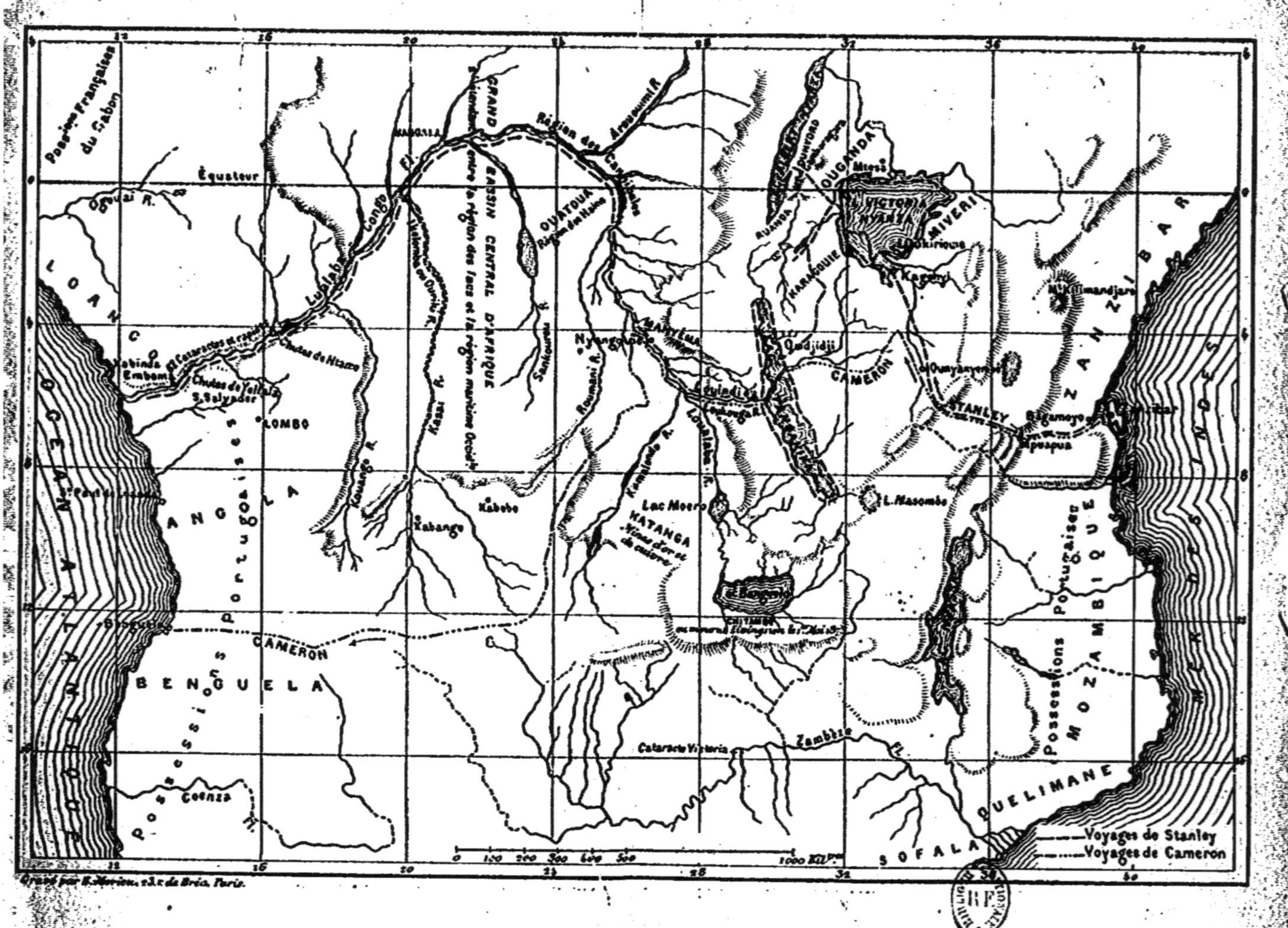

Possessions Françaises du Gabon
Équateur
Ogooué R.
OCÉAN ATLANTIQUE
LOANGO
ANGOLA
Kabinda
Embomi
Chutes de Yellala
S. Salvador
LOMBO
Chutes de Ntamo
Cataractes et rapides
Congo
Lualaba Fl.
Kouango R.
Kassaï R.
Santeourou R.
GRAND BASSIN CENTRAL D'AFRIQUE
s'étendant entre la région des lacs et la région maritime Occid.le
Région des Cannibales
OUATOUA
Région des Nains
Arrouwini R.
Nyangoué
Rouvani R.
Kabebe
Kabango
BENGUELA
CAMERON
Possessions Portugaises
Coanza
Cataracte Victoria
Zambèze
SOFALA
QUELIMANE
Possessions Portugaises
MOZAMBIQUE
MER DES INDES
ZANZIBAR
STANLEY
Bagamoyo
Mpuapua
CAMERON
Oudjidji
Ouguyanyembé
Ouindi
Lobandé R.
Lualaba R.
Kassabé R.
Lac Moero
KATANGA
Mines d'or et de cuivre
Chitambo
ou mourut Livingstone le 1.Mai 1873.
L. Macomba
OUGANDA
Mtesa
VICTORIA NYANZA
Ukirione
L. Kagery
KARAGOUÉ
RUANDA
NYVÉRI
M.t Kilimandjaro
Voyages de Stanley
Voyages de Cameron
0 100 200 300 400 500   1000 Kil.m